Renato Consorte

Contestador por Índole

GOVERNO DO ESTADO DE
SÃO PAULO
RESPEITO POR VOCÊ

Governador	Geraldo Alckmin
Secretário Chefe da Casa Civil	Arnaldo Madeira

imprensaoficial

Imprensa Oficial do Estado de São Paulo

Diretor-presidente	Hubert Alquéres
Diretor Vice-presidente	Luiz Carlos Frigerio
Diretor Industrial	Teiji Tomioka
Diretora Financeira e Administrativa	Nodette Mameri Peano
Núcleo de Projetos Institucionais	Vera Lucia Wey

CULTURA
Fundação Padre Anchieta

Fundação Padre Anchieta

Presidente	Marcos Mendonça
Projetos Especiais	Adélia Lombardi
Diretor de Programação	Rita Okamura

Coleção Aplauso Perfil

Coordenador Geral	Rubens Ewald Filho
Coordenador Operacional e Pesquisa Iconográfica	Marcelo Pestana
Projeto Gráfico e Editoração	Carlos Cirne
Assistente Operacional	Andressa Veronesi
Revisão Ortográfica	Dante Paschoal Corradini
Tratamento de Imagens	José Carlos da Silva

Renato Consorte
Contestador por Índole

por Eliana Pace

CULTURA
Fundação Padre Anchieta

imprensaoficial

São Paulo - 2005

Dados Internacionais de Catalogação na Publicação elaborado pela Biblioteca da Imprensa Oficial do Estado de São Paulo

Pace, Eliana

Renato Consorte : contestador por índolo / por Eliana Pace. – São Paulo : Imprensa Oficial do Estado de São Paulo : Cultura – Fundação Padre Anchieta, 2005.

232p. -- (Coleção aplauso. Série perfil / coordenador geral Rubens Ewald Filho)

ISBN 85-7060-233-2 (Obra completa) (Imprensa Oficial)
ISBN 85-7060-346-0 (Imprensa Oficial)

1. Atores e atrizes cinematográficos - Biografia 2. Atores e atrizes de teatro - Biografia 3. Atores e atrizes de televisão - Biografia 4. Consorte, Renato I. Ewald Filho, Rubens. II. Título. III. Série.

05-2884 CDD 791.092

Índices para catálogo sistemático:

1. Atores brasileiros : Biografia : Representações públicas : Artes 791.092

Foi feito o depósito legal na Biblioteca Nacional (Lei nº 1.825, de 20/12/1907).

Imprensa Oficial do Estado de São Paulo

Rua da Mooca, 1921 - Mooca
03103-902 - São Paulo - SP - Brasil
Tel.: (0xx11) 6099-9800
Fax: (0xx11) 6099-9674
www.imprensaoficial.com.br
e-mail: livros@imprensaoficial.com.br
SAC 0800-123401

Renato Consorte

Contestador por Índole

O termo pode parecer piegas, mas Renato Consorte é, acima de tudo, um sujeito amoroso, desses que pergunta: *Como vai? E a família? Como foi de fim-de-semana?* Em linguagem mais atualizada, *estabelece relacionamentos*. Talvez seja por isso que guarda com carinho, na memória perfeita, nomes e sobrenomes de tantos quantos passaram por sua vida, fossem os companheiros de brincadeiras na Rua Aurora quanto os colegas do Largo São Francisco. Aliás, até hoje freqüenta as reuniões de antigos alunos da Faculdade de Direito, mesmo que não tenha conseguido levar o diploma de advogado para casa.

Nos muitos encontros que tivemos, quinze para ser exata, coloquei-me na posição de espectadora única e privilegiada de um ator de extrema grandeza.

Renato Consorte me fez rir e chorar. Mas chorou e riu comigo também, numa comunhão abençoada, a marcar o clima de confiança que permeou nosso trabalho. Por conta de suas memórias, acabei aceitando até mesmo um convite para visitar as irmãs mais velhas, um encontro agradável regado a cafezinho e pão doce.

Renato Consorte é um homem de família que visita as irmãs com freqüência, que cuida do cunhado que apresenta problemas de saúde e, acima de tudo, que se orgulha do sucesso do filho músico Renato e da felicidade alcançada pela filha Adriana, que vive em Londres com o marido e com quem conversa todos os domingos, por telefone. Para os netos - Francis, de 9 anos, na Inglaterra, Cecília, de quase 2 anos e Pedro, de 16 – um carinho inesgotável que em breve deverá ser dividido com mais um bebê: é que Adriana está grávida do segundo filho.

Para a companheira de 45 anos, a quem ele se refere como minha *queridoca*, uma *belezura*, sobra admiração. Josildeth, ou Josi, é uma antropóloga de sucesso que se aperfeiçoou nos Estados Unidos e na Itália e é hoje uma profissional muitíssimo bem conceituada, que se relaciona com as figuras preeminentes ligadas à ciência – é titular da cadeira de Antropologia da PUC-Pontifícia Universidade Católica de São Paulo.

O Renato Consorte que se faz conhecer nestas páginas está sempre inteiro, não importa se mais ou menos gozador, mais ou menos implicante, mais ou menos polêmico. Humorista, idealista e contestador por índole, celebra a boa sorte na carreira artística que teve início em 1949 e foi interrompida apenas pelo tempo em que driblou a morte. Em um dos nossos últimos encontros, no entanto, além de anunciar os próximos planos, me fez uma revelação: não quer mais fazer teatro, um trabalho que considera muito árduo. Confessa a preguiça para decorar textos que parece ter surgido apenas agora, ao completar 80 anos.

Renato Consorte trabalha para a Secretaria de Cultura do Estado de São Paulo há 20 anos e está lotado no MIS – Museu da Imagem e do Som, como curador do acervo iconográfico da Companhia Cinematográfica Vera Cruz, que conhece como ninguém. Afinal, acompanhou seu nascimento, crescimento e derrocada tendo participado, como ator ou técnico, de suas dezoito produções.

Nestas memórias de Renato Consorte, seus admiradores vão se deparar com um capítulo especial, com a introdução do Hino Nacional. Atendo a uma solicitação que ele me fez em um de nossos encontros, ao cantar a letra que pouca gente conhece. *Em toda oportunidade que tenho, procuro ensinar aos brasileiros como é que se canta o Hino Nacional*. Não há como recusar nada a um senhor ator, certo?

Eliana Pace

Capítulo I

Da Rua Aurora à Revolução

Eu nasci em 27 de outubro de 1924, na Rua Aurora, na época um local aristocrático de São Paulo, entre Santa Efigênia e Campos Elíseos, dois bairros de luxo – o Palácio do Governo ficava ali perto. Nossa casa, que pertencia ao Conde Vicente de Azevedo, devia ter uns 10 metros de frente e os fundos davam para a Rua Timbiras, onde morava o Presidente Washington Luiz. A Rua Aurora passou depois a ser zona de prostituição, do baixo meretrício. Uma ocasião, conversando com pessoas conhecidas, eu falei que nasci na Rua Aurora e um boçalão disse: *A rua das putas?* Eu respondi: *É, mas foi antes de sua mãe morar lá...* Esse rapaz tirou um revólver e queria me matar. Eu sou conhecido até hoje por responder a qualquer provocação.

Meu pai, Luigi Consorte, nasceu e viveu até os 19 anos em Chieti, na região dos Abruzzos - eu conheci a cidade.

Com o irmão Gino e o pai Luigi, Estação da Luz, 1930

Meu avô paterno Giuseppe (a avó era Philomena) tinha um restaurante muito importante na rua principal de Chieti, na Via Marroquina, e temos aí a influência árabe nessa região, de onde vem nossa origem moura. Aliás, nós todos de origem italiana não podemos botar essa banca de que somos brancos; somos todos descendentes de mouros, africanos, porque quando os mouros conquistavam as cidades iam comer as meninas todas.

Papai era irmão da Giovina, do Vincenzo e do Giustino e estava noivo quando veio ao Brasil acompanhando essa *zia* que vinha encontrar o marido, Alberto Festa, um homem muito culto, político, que havia feito seminário na Itália, falava várias línguas e acabou perdendo tudo que tinha. Papai acabou ficando por aqui e montou para ele, mais tarde, uma barbearia na Al. Glete - eu ajudava, escovava os fregueses, ganhava um troco. Como sempre tive muito cabelo, como hoje, e não cuidava de pentear, tanto me atazanaram que eu pedi ao meu *zio* para raspar minha cabeça. A barbearia não durou muito porque ele fazia discursos no ouvido dos fregueses com a navalha na mão - os fregueses concordavam com tudo que ele dizia, mas não voltavam mais. A *zia* Giovina tinha uma voz extraordinária, cantava divinamente e fazia para nós o rosso d'ovo, uma gemada maravilhosa. Minhas irmãs contam que uma vez eu coloquei toda uma ninhada de pintinhos que havia na casa dela no tanque e fiquei pesaroso quando eles morreram – os patinhos não querem nadar - eu justificava para minha irmã Olga...

Aqui meu pai conheceu minha mãe, Dolorata D' Amélio, também dos Abruzzos, de uma cidade chamada Lanciano, próxima ao Mar Adriático. Ela tinha irmãos gêmeos, Pepino (Giuseppe e depois José mesmo) e Camilo. A família - o pai Antonio e a mãe, Angeolina, que chamávamos de *mammarosa*, mãe grande, uma santa mulher que passava um tempo com cada filho, convivi muito com ela - tinha uma espécie de empório na Rua Santa Efigênia. Nos fundos montavam sempre uma mesinha para comer e beber alguma coisa, os italianos se reuniam ali, os *abruzze-*

ses principalmente - foi onde meu pai começou a namorar minha mãe.

Meu pai tocava violão e cantava, gostava muito de contar piadas pesadas e, certo dia, chegou por trás da noiva, aplicou-lhe um beijo na nuca e fugiu de vergonha, sumiu do mapa por aquele ato ignóbil, imoral para a época, escabroso, muito diferente dos beijos de hoje em que parece que estão chupando manga. Na minha casa, nos reuníamos sempre em volta da mesa, aos domingos. No final de ano jogávamos tômbola, meu pai comprava aquelas pipas de vinho, nós engarrafávamos em casa, eu ajudava, e ele distribuía para os amigos e parentes.

Éramos sete filhos, fui o caçula - quando meu pai encontrou a perfeição, encerrou o expediente natalício. Eram cinco moças muito bonitas, nenhuma se parecendo comigo - pela ordem, Matilde (apelido da Philomena Angeolina, os nomes das duas avós), Anita Ercilia, Jovina, que levou o nome da *zia* - Vivina na intimidade - e que me levava para mamar em uma ama seca,

Olga Lubiana, Mercedes Clorinda, mais o Gino e eu, Renato. Aliás, nunca fui chamado de Renatinho pela minha família porque eu era um diabrete. Na hora das broncas era sempre - Renato... Renato... Renato... Eu era muito chato, ainda sou, muito moleque, aprontava demais.

Os irmãos Consorte: Olga, Anita, Matilde, Vivina, Mercedes, Renato e Gino, no Natal de 1985

Papai era muito amoroso, mas também enérgico, impunha disciplina, decência, respeito, honestidade, moral. Eu o respeitava muito, tinha muito medo dele, quando ele cismava de tirar o cinto, eu saía de perto. Nós nos reuníamos na mesa e ele fazia conosco testes de conhecimento, nos mandava ler notícias de jornais - eu tremia, mas lia.

Na Rua Aurora tínhamos como vizinho de um lado o Luiz Gonzaga Parahyba Campos, que se tornou juiz de Direito, e de outro uma professora de Francês que dava aula para minhas irmãs. Na rua tinha as famílias Paula Souza, Coelho, cujos irmãos eu conheci – o Sérgio Coelho, que era o menor de todos, entrou comigo na Faculdade de Direito da Universidade de São Paulo, em 1946, ficamos muito ligados. Era um rapaz bonito, que morreu jovem. A família Casoy, dos antepassados do Boris Casoy, morava na Rua Aurora também e tinha uma loja de malas lá perto. Na rua tinha o Bar Hansa, com música vienense e uma casa que vendia produtos de pintura, pó para tintas na esquina com a Santa

Efigênia - eu ficava encantado com as histórias que o dono contava.

Na Itália, meu pai tinha escolaridade e uma profissão - trabalhava muito bem com madeira, fazia projetos - e graças a esse talento, aqui no Brasil foi parar no Liceu de Artes e Ofícios como instrutor. Foi então convidado a gerenciar a Fábrica de Móveis São João, que ficava na Rua São João, no começo da Avenida com a Duque de Caxias – a família morava ao lado. Por causa do relacionamento que ele tinha, inclusive junto a bancos, conseguiu me matricular como aluno na Escola Caetano de Campos, a célebre escola da praça. Aliás, muita gente famosa passou por lá: Guiomar Novaes, Francisco Matarazzo, Cincinato Braga, Cecília Meirelles, Mario de Andrade, Oscar Americano, Genoveva Toledo Pizza, André Franco Montoro, Ruth Monteiro Lobato, Marina Mesquita, Helena do Valle Amaral Gurgel, Inezita Barroso e por aí vai, veja onde me colocaram. Entrei no Jardim da Infância e demorei a me habituar, tanto é que meu pai, que havia montado uma oficina de marcenaria no quintal de casa, tinha de largar seus afazeres para me levar. Ele ficava no pátio enquanto eu estava em aula porque eu não queria a ausência dele. Depois me habituei e comecei a fugir da escola. Me metia na Praça da República até que um dia um servente me pegou, perguntou aonde eu ia, eu disse que ia para casa, ele insistiu em me acompanhar, eu dizia que não precisava, que conhecia o caminho, conhecia nada, me confundia porque a Rua Aurora não termina na Praça da República.

Então ele foi me levando e eu passei por casa, continuei e fui à casa do Mário de Andrade, que nasceu na mesma Rua Aurora e freqüentava uma pensão de estudantes na esquina com a Rio Branco. Eu disse para o servente: *Já cheguei, não precisa falar com meu pai* – mas ele insistiu, então confessei que não era a minha casa, voltamos, eu não tinha como escapar. Toquei a campainha e quando a porta abriu me meti por baixo das pernas da minha mãe e sumi dentro de casa. A família registrou essa gracinha, minha primeira aventura.

Meu pai comprava discos de São João, Natal, Carnaval, importava discos de música italiana, de óperas, tocava para a gente ouvir, explicava como era – eu fugia, tinha um medo danado daquela gritaria. Ele cantava uma música gravada pelo Grande Caruso que lembro até hoje a letra, *A Vuchella*, a boquinha, uma letra divinal, toda no diminutivo, do Gabrielle D'Anunzio, aquele fascista. Eu pedi ao Pavarotti para cantar no primeiro recital que ele deu em São Paulo. Ele pegou a partitura, deu para o pianista e me olhou, oferecendo. Imagina se eu não chorei...

Minhas irmãs também eram muito ligadas à arte, à música, como eu até hoje, e montavam peças dentro de casa para uma platéia formada por familiares, parentes, amigos e vizinhos - Matilde dirigia os espetáculos e Mercedes, Olga e Jovina representavam e dançavam. Também se apresentavam em um teatro que ficava onde funcionava a Congregação Mariana de Santa Cecília, que mais tarde também freqüentei. Lembro bem de uma cena da peça *O Sonho do Mandrião*, da Eva Todor: havia duas estátuas tipo Luis XV e a empregada espanava a sala, encostava-se no sofá, dormia e sonhava com as duas estátuas dançando um minueto. Uma ocasião, numa espécie de festival, elas me convidaram para declamar uma poesia chamada *Os Dez Dedinhos das Minhas Mãos*. Ensaiaram muito, me fizeram decorar, porque eu ainda não sabia ler, e na noite da estréia me fizeram muitas observações - cinco mulheres, mais minha mãe, mais meu pai, mais meu irmão – não esqueça de cumprimentar a platéia antes... Não deu outra: quando me anunciaram, eu entrei e comecei a recitar a poesia. Quando caiu a ficha, parei, fiz um gesto pedindo um tempo, saí de cena e entrei de novo, cumprimentando a platéia. Foi aquela gargalhada. Era meu primeiro contato com o público e me tornei o engraçadinho da família, aos quatro ou cinco anos. Repetiria essa cena de novo em 1965 quando, depois de mais de um ano internado por força de um gravíssimo acidente de avião, entrei em cena na peça *Música, Divina Música* e fui recebido por uma imensa salva de palmas do público.

Fiquei tão emocionado que tive de pedir um tempo, sair de cena e me recuperar para continuar o espetáculo.

A vida naquela época era uma delícia, romântica, gostosa, as noites de luar, as brincadeiras infantis, as brincadeiras de roda, os lampiões a gás, os vendedores ambulantes, o jornaleiro, o *vassonier de la Maison*, que vendia vassouras apregoando em francês... Nós tínhamos, como nas outras casas da vizinhança, um piano que a Matilde tocava e quando saía uma modinha nova do Zequinha de Abreu, por exemplo – ele ia de casa em casa ven-

dendo suas composições - minha irmã e as vizinhas marcavam uma noite para tocar juntas o tico-tico cá, o tico-tico lá... Eu ia com minhas duas irmãs mais velhas na Igreja de Santa Efigênia, passeávamos de bonde. O irmão Camilo, da minha mãe, tinha uma lenharia na Rua Augusta – o outro tio, Pepino, era dono de uma venda - e nós pegávamos um bonde na Santa Efigênia, íamos até o centro e pegávamos um outro bonde que descia a Rua Augusta.

A Revolução de 30 nos encontrou na Rua Aurora e assistimos ao bombardeio no Palácio do Governo. Papai armou no fundo da nossa casa, na oficina, uma trincheira e para defender a família tinha a espingarda de matar passarinhos – ele costumava caçar passarinhos nas matas de Perdizes. Tínhamos um cachorro policial ignorante, o Nero, que era uma fera, só obedecia ao meu pai, e matava todos os pintinhos e galinhas lá de casa, minha mãe ficava louca... Ninguém podia chegar perto dele, tanto que uma vez, eu estava com minha mãe, ele me atacou, deu duas mordidas, uma no queixo e outra na ponta da orelha, se tivesse pegado meu nariz... Mas em outra ocasião, era tempo de Festas Juninas, muitas bombas, corre-corre, papai soltou o Nero na rua, eu estava com minha turma correndo atrás de balão quando vejo o Nero parado, me olhando. Eu com medo chamei, ele foi pra perto de mim, se encostou, se pudesse me abraçaria, eu o acarinhei e levei-o de volta pra casa. Da outra vez que sumiu, corri o bairro todo, mas nunca mais o encontrei.

Capítulo II

Da Corneta à Vara de Marmelo

Olga, quando se formou professora, foi lecionar em Coroados, uma cidadezinha da Noroeste, um pouco antes de Birigüi, e meu pai fez com que Anita a acompanhasse. As duas se instalaram na casa da família Paoli, que tinha dois filhos homens. O Walter se enamorou da Anita e eles ficaram casados por muitos e muitos anos, sem nunca terem tido filhos. De Coroados, o casal foi para Birigüi onde, uma tarde, recebeu a visita de uma jovem que se identificou como filha de Walter. Não só o casamento como a vida dos dois terminou ali, depois de aproximadamente 40 anos juntos.

Numa das muitas festas que nós íamos – meu pai me mandava sempre junto, como guardião da moçada - conheci um rapaz que tocava violão, que quis me ensinar a tocar cavaquinho e me levou para almoçar na pensão em que morava.

No Largo do Arouche

Ele, na verdade, estava de olho na minha irmã Olga e eu deixei porque ficamos amigos. Ela casou com ele, o Ciro Lima Arantes, tiveram três filhos, netos e foi um cunhado fabuloso, já falecido. Um admirador anterior da Olga tratei de forma diferente: eu colocava o cachorro dentro do carro dele e dizia: *Faz cocô e xixi aí dentro*. A Jovina casou depois com o José Ricardo de Souza com quem teve três filhas e netos. Gino fez carreira na Sul-América de Seguros - rapaz, foi designado para ser inspetor de seguros em Taubaté, abrangendo todo o Vale do Paraíba, e lá ficou. Casou com a Aparecida Aguiar – eu brincava que quando ela se casasse com meu irmão, passaria a guiar com sorte - teve filhos, netos e bisnetos.

Próximo da Revolução de 32, nós nos mudamos para uma casa que compramos na Rua Adolfo Gordo, nos Campos Elíseos, mais próximo da Barra Funda, entre a Al. Eduardo Prado e a Al. Nothman. Era uma casa muito mal construída, porque os quartos, à direita, tinham ligação, de maneira que quem dormia no último quarto tinha de passar pelos outros três. O meu quarto e de meu irmão era no meio, mas eu nunca usava essa passagem, porque sempre saía pela janela. Do lado esquerdo ficava a sala de visitas com o piano, a sala grande de jantar, copa, banheiro, cozinha, despensa e um quintal maravilhoso com uma horta e árvores frutíferas – tínhamos três pés de pêras lindas e muita uva - mais o galinheiro e a casa do Nero, que ficava amarrado com uma corrente enorme.

Meu pai tinha prosperado e progredido e havia montado uma fábrica de móveis na Al. Cleveland com a Al. Nothman – a Luiz Consorte - distante um quilômetro de onde morávamos, próximo à linha de trens da Sorocabana, onde eu brincava. Eu estudava de manhã, à tarde jogava bola, aprontava muito, naturalmente, e levava a marmita para ele de vez em quando.

Em frente da nossa casa morava o Tabajara, que tinha mais ou menos a minha idade, e resolvemos montar no terraço da casa dele, que era um sobrado, um avião com caixotes de madeira.

Depois quisemos levar o avião para a minha casa, que tinha um quintal, e foi um custo, pega aqui, segura ali, derruba cola, martelo e quando, afinal, conseguimos colocar dentro de casa, minha mãe arrebentou tudo a marteladas e me deu uma surra.

Nessa época, eu tinha uns oito anos, gostava muito de uma menina chamada Dulce Martinelli, que morava na Ribeiro da Silva, mas não chegava perto - o Tabajara era ligado à família dela. Uma vez a Dulce estava sozinha na janela e eu fui cantar pra ela uma música:

Quisera amá-la, mas não posso amá-la,
de que serve amá-la se ela não é tua,
quisera amá-la, mas não posso amá-la,
de que serve a mala se eu não tenho roupa.

Nunca soube de quem é essa música.

Perto de casa, junto à Várzea da Barra Funda, havia a Chácara do Carvalho, um espaço imenso que se transformou em bairro. Ali tinha um palácio que é hoje a Igreja Coração de Maria, onde estavam instalados os soldados da Legião Negra, se não me engano, da Revolução de 32. Quando esses soldados se dispersaram, deixaram muita coisa lá dentro e a molecada quebrava as janelas a pedradas para pegar vidros para o Cicillo, um sapateiro vizinho, pai do Pedro, da minha idade, e de mais onze filhos, poder raspar as solas dos sapatos, como se fazia antigamente. Eu gostava de ficar sentado do lado do Cicillo porque ele cantava músicas italianas o dia inteiro enquanto trabalhava. No palácio, peguei uma corneta e foi a desgraça do bairro, porque eu corneteava, e mal, o dia todo. E iam reclamar em casa, e diziam para a minha mãe que eu estava jogando pedras nas pessoas, e minha mãe dizia: *Como, se ele está aqui em casa*. Ela me colocava pelado para eu não poder sair, mas eu ficava no telhado aprontando.

Meu pai não me batia, não, era mais minha mãe que me dava os corretivos. Mas lembro que quando morávamos na Rua Maria Tereza, que ligava a Rua São João com o Largo do Arouche, eu tinha brigado com meu irmão, saí pelado do quarto, gritando, e meu pai me deu uma bolacha inesquecível... Minha irmã Jovina é que me defendia sempre, era minha segunda mãe. A Olga, quando eu discutia com ela, ficava cantando, só para me irritar. Matilde – quando eu nasci ela tinha 16 anos - apaziguava. Meu irmão Gino já trabalhava com papai e depois foi para a Companhia Sul–América de Seguros.

Depois do Caetano de Campos – fiquei lá até o 2º ano primário - mudamos para os Campos Elíseos, e fui estudar no Liceu Coração de Jesus, um colégio de freiras da Rua Dino Bueno, onde meu pai tinha feito o altar. Nesse colégio, fiz parte de um grupo que uma ocasião foi a Santos para recepcionar o Cardeal Pacelli, que nos abençoou e posteriormente foi sagrado Papa Pio XII. Entrei mais tarde para a Congregação Mariana de Santa Cecília, tive uma encrenca com o presidente, e então soube da existência da União dos Ex-Alunos Salesianos de Dom Bosco e me integrei - havia um grupo de teatro por lá, dirigido pelos irmãos Mesa. Uma noite, descobri um sujeito tocando piano maravilhosamente. Era o William Fourneaut, e com o apoio do padre José Luiz Giacotto, eu e ele formamos um conjunto, o *Comandos Musicais*, com o William no piano, canto e assobios, eu na bateria e no canto. O conjunto se apresentou num programa que o Roberto Corte Real apresentava na Rádio América.

Nessa época freqüentei também o Grupo Escolar Conselheiro Antonio Prado, por volta de 1931, 1932, e me integrei a um grupo de escoteiros. Como era muito ligado à música, ao ritmo, escolhi tocar repique na banda e chamava a atenção por tocar feito batucada. Com os escoteiros, fui representar São Paulo em um desfile no Rio de Janeiro, para o malfadado ditador Getúlio Vargas, e lembro bem que quando marchávamos na avenida, em direção ao Palácio do Governo, achei que o Presidente estava sentado, numa atitude de falta de respeito. Quando ele começou a se movimentar é que vi que estava em pé – Getúlio era muito baixinho de moral, de aspecto, de físico.

Íamos para colônias de férias, lembro que a primeira delas foi em Itanhaém, uma cidade simplezinha, pequenininha, que tinha apenas uma padaria que vendia cocada, uma igreja e um mosteiro lá no alto, em frente à praça, desativado, com morcegos e buracos em vez de janelas. Era lá que nós, escoteiros, nos acantonávamos. Montávamos a nossa cozinha e os maus elementos tinham que levantar às quatro da manhã, descer com os panelões para pegar água na bica e fazer café para a turma - eu sempre era escalado. Em compensação, eu via uma coisa deslumbrante que era o nascer do sol lá de cima do mosteiro. Fazíamos o *fogo do conselho*, uma roda em que cantávamos, brincávamos, e eu sempre sobressaía, fazia quadrinhas mexendo com os chefes, sapateava, dançava. Um dos meus improvisos era assim:

Você não sabe como é bom vivê
numa colônia sem nada fazê
umas meninas pra se namorá
e um bruta chefe pra se tapeá...

Recebi um castigo...

Em Itanhaém existem, e tocam até hoje, quatro sinos doados para a Igreja pelo Ernesto Bertini, marido da minha prima Filó, Filomena, filha da minha tia Justina – ele era dono da Confeitaria Elite, uma das mais importantes de São Paulo, na Rua das Palmeiras. Os sinos têm gravados os nomes dos filhos deles: Luís, Justininha, Elina e Marina. O Bertini tinha uma casa maravilhosa, extraordinária, em Itanhaém, junto ao rio, com um belvedere, e costumava distribuir uma vez por ano em São Paulo, na Igreja da Penha, cem quilos de pão e cem quilos de carne – era uma promessa e ele cumpria.

Uma ocasião, nós escoteiros fomos para Serra Negra, passamos lá uns quinze dias, aí eu já era maior e tínhamos o hábito de brincar de atirar facas. Briguei com um escoteiro, ele atirou a faca e me espetou a bunda. Eu dei uma surra nele e um dos chefes, o Dimas – o outro era o Hélio – ficou tão possesso que me colocou pelado e me deu uma surra de vara de marmelo. A culpa era sempre minha.

Em São Paulo aconteceu uma vez um concurso de robustez infantil com meninas do Interior, de 8 e 9 anos, que ficaram instaladas em um grupo escolar onde é hoje a Pinacoteca, em frente à Estação da Luz. Nós, escoteiros, fomos lá para ajudar e eu cantei a música *Sonhos Azuis*, que eu gostava, olhando para uma das meninas, e ela olhando pra mim, e ficou nisso. Mas chegou a hora dela ir embora, eu procurando por ela, não encontrei, só soube que era de Bauru, aí fui procurar o pessoal de Bauru, falaram que estava na Estação Sorocabana, eu corri pra lá procurando a menina de Bauru, e disseram que estava na Estação da Luz, voltei pra Estação da Luz, ia pra casa e cantava *Sonhos Azuis* e chorava, e falava com o meu cunhado que morava na Noroeste e passava por Bauru: *Walter, vê se você encontra uma menina de Bauru que veio aqui participar de um concurso de robustez infantil*. Paixão, paixão mesmo...

Quando terminei o Curso Primário no Grupo Escolar Arthur Guimarães, perto do Largo do Arouche, na Rua Jaguaribe - tínhamos mudado de endereço - fui designado para me apresentar na festa de formatura. Eu gostava muito da Dona Aninha, uma das professoras, que era lindoca e tinha dois filhos. No final das aulas, ela ia embora com os filhos a pé e eu ia atrás, estava apaixonado por ela. Passados uns anos e planos e tranos, fui convidado para uma festinha em casa de um colega da Faculdade de Direito, o Sérgio Rubens Maragliano. E quem é a mãe dele e do Eduardo? A Dona Aninha... Não falei nada, fiquei quieto, enrustido, amargando a minha antiga paixão...

Nesse espetáculo de encerramento, eu vestido de guarda civil do Interior, cantava assim:

Quando vim todo contente,
lá da roça demoniado,
fizeram-me incontinente
ir falar com o delegado.
E depois de muito informe,
muito etecetera e tal,
puseram–me um uniforme
de grilo da Capital...

Capítulo III

Óleo de Rícino e Chocolates

Quando eu já freqüentava o Ginasial do Instituto Ciências e Letras, o professor Tranqüilo Tranquili, que era uma fera, entrava, pegava o livro de chamada e quando dizia meu nome - *Renato Consorte* – emendava: - *Pra fora.* - *Mas eu não fiz nada* – eu dizia. - *Não fez, mas vai fazer* - ele respondia. Aliás, o Dr. Alfredo Pucca tinha recém-instalado uma aparelhagem de som para ouvir os movimentos nas salas de aulas e transmitir as mensagens que queria, quando uma noite, enquanto aguardávamos o professor, na bagunça, o Moisés foi chamado pelo alto-falante para ir até a diretoria. Eu, meio desconfiado, fui atrás do Moisés às escondidas e fiquei na ante-sala ouvindo a conversa. O Pucca ligou o aparelho e perguntou ao Moisés quem era que cantava e berrava. - *É o Renato Consorte* – ele respondeu. - *Então vá chamá-lo*. Eu respondi: - *Não precisa, estou aqui*.

Vejam a injustiça que iam cometer contra mim que estava na ante-sala naquele exato momento.- *Quem tem fama deita na cama* - respondeu-me o Pucca.

Em outra ocasião, eu tinha comprado um chapéu novo que pendurei no cabide do corredor antes de entrar na classe. Quando saí, fui o último, meu chapéu estava amassado. Peguei um chapéu que estava ao lado, amassei, entrei na sala novamente, puxei um armário de material escolar, joguei atrás e fui embora. No dia seguinte, o Pucca liga o aparelho de som: – *Atenção, sumiu o chapéu do professor Dubois que pede encarecidamente a quem o encontrou que devolva*. No outro dia, de novo: - *O professor Dubois insiste que devolvam o chapéu que devem ter levado por engano*. No terceiro dia: - *Vamos ser obrigados a abrir uma sindicância*. Aí me apresentei e tive de ir com o Pucca, o professor Dubois e a mulher dele, a Madame Dubois, buscar o chapéu. Eles me perguntavam: - *Está embaixo do armário?* Eu respondia: - *Não*. - *Dentro do armário?- Não, atrás*. Quando puxaram o armário, o chapéu estava amarfanhado. O professor Dubois pediu um chapéu novo, aí tive que levar o chapéu para casa e pedi ao papai que mandasse reformar... Lembro também que, na chamada, perguntavam por um Talma de Oliveira que nunca aparecia. Esperávamos uma garota até que no exame oral de fim de ano aparece o Talma de Oliveira, decepcionando todo mundo. Esse homem era ligado à Rádio São Paulo, escrevia novelas radiofônicas e começaram a pedir a ele que me desse uma chance. Ele então me convidou para fazer um teste, achei que ia cantar, mas era um teste de radioator. Não fui aprovado porque o Talma dizia que eu tinha a voz muito grossa, um sotaque muito caipira, que eu nunca tive, não entendi.

Aos 12 anos, com autorização escrita do meu pai, fui trabalhar de auxiliar de escritório, hoje *office boy*, eu detesto esses estrangeirismos. É que meu pai tinha um amigo, também *abruzzese*, dono de uma fábrica de produtos químicos, um laboratório, que me empregou sem carteira assinada, sem nada, para fazer entregas - o entregador tinha uma motocicletinha e eu ia atrás. O chefe me mandou então para uma outra seção que engarrafava óleo de rícino. Alguém me falou: *Renato, duvido que você seja capaz de tomar uma garrafinha dessas. Duvida? É comigo mesmo*. Isso foi de manhã e na hora do almoço fui para casa comer um feijão com arroz da pesada. Dei uma dormidinha e voltei para o trabalho. Depois de uns 50 metros, sentei no portão de uma casa e não consegui levantar. Tinha me dado uma diarréia...

No caminho para essa fábrica, eu encontrava um amigo escoteiro sempre com o bolso cheio de chocolates e balas porque trabalhava na Fábrica Ipê de Chocolates. Pedi a ele um lugar e lá fui eu – nos primeiros dias, eu sofria de disenteria de tanto comer os chocolates – trabalhar junto a uma máquina que fazia tremer os chocolates. O seu Vicente preparava o chocolate, preenchia as fôrmas de metal e colocava nessa máquina para que o chocolate se ajeitasse, sem bolhas ou buracos. Quando tudo estava pronto, as fôrmas iam para a geladeira, para endurecer o chocolate. Em uma das etapas, o outro funcionário, Oscar, tirava o chocolate da geladeira e empilhava as fôrmas para que eu levasse do outro lado da sala para que, na estufa, se derretesse o que havia sobrado. Eu nunca conseguia chegar com aquelas fôrmas nas mãos, derrubava tudo. Nós trabalhávamos no porão e no primeiro andar ficava a sala em que as meninas embrulhavam as balas e os chocolates, sobre uma mesa. Como essa mesa ficava sobre um alçapão, nós embaixo ficávamos olhando as meninas. Uma vez me entusiasmei demais, levantei o alçapão e com ele derrubei a mesa. Fiquei um mês na fábrica, ganhava cinqüenta centavos por hora, não chegava a cem cruzeiros por mês...

Aí, fui arranjar emprego numa loja de eletrodomésticos perto do Cine Metro. O português me deu 400 réis pro bonde, 200 pra ida e 200 pra volta, e me mandou buscar uma bateria de caminhão na Penha. Fui a pé até o Largo do Tesouro, tomei um bonde pra Penha e quando vi o que era a encomenda, que loucura carregar tudo aquilo. Peguei o bonde de volta, desci no Largo do Tesouro, fui a pé com aquele peso todo nas mãos até a loja e quando cheguei, ele me disse: *E agora você vai lavar as privadas* - e eu disse: *Isso não!* - e discuti com ele e peguei um rádio, quis jogar na cabeça dele, e fui mandado embora. Aí, o meu cunhado Ciro, que trabalhava na Secretaria do Trabalho, entrou com um processo e no encontro entre as partes eu chamei o português de mentiroso. O juiz achou que eu tinha faltado com o respeito e me deu a causa perdida.

Nessa época, eu já trabalhava para ajudar meu pai, que foi muito enganado por falsos amigos e perdeu dinheiro - na única vez que tentei ajudá-lo na loja levei um golpe: os vizinhos da frente me chamaram e quando fui ver o que era, roubaram um tapete vermelho que tínhamos na entrada. Lembro com muita amargura quando, eu chegando da escola, vi a loja do meu pai com uma bandeira vermelha anunciando leilão – a loja tinha ido à falência. Mas na época boa, meu pai comprou um terreno no Itaim Bibi de 80 x 50 m, 4 mil m^2, onde há até pouco tempo funcionava a Kopenhagen, porque pretendia construir ali uma casa para ele e uma para cada um dos sete filhos. Roubaram o terreno dele.

Meu cunhado conhecia muito o gerente da Kopenhagen, que era na Ladeira Dr. Falcão, que vai da São Bento pra Líbero Badaró - lá tinha uma filial e a matriz era em frente, onde eu comi muito aquele bolinho de marzipã, que adoro até hoje. Eu tinha 16 anos, mas meu pai teve que assinar uma nova autorização para eu poder trabalhar lá de faxineiro e entregador. Então, fui entregar uma encomenda na Rua Estados Unidos e passou um sujeito de motocicleta possantíssima, riscou um rojão e apontou pra mim, maldade pura - coloquei o pacotinho na frente e o rojão explodiu e não me pegou. Mas guardei a cara desse sujeito e quando, na Faculdade de Direito, em 1946, 1947, eu estava esquiando em Santo Amaro, na represa, com o Frederico Souza Queiroz, passa um sujeito esquiando também.

Era aquele cara, tinha a cabeça pequena, microcéfalo mesmo, era débil mental, foi campeão de halterofilismo, Tozinho Lara era o nome dele. No fim do mês, o gerente da Kopenhagen, o Júlio, me deu meu salário de cem cruzeiros, mais cinqüenta e me disse: *Olha Renato, isso aqui não é pra você não*. Ele atendia ao telefone assim: *Alion*. Essas coisas é que me fizeram ser ator, porque eu não freqüentei escola nenhuma, mas sempre fui muito observador e crítico, registrava muito essas coisas.

De lá, fui para o escritório de um despachante, o Aníbal P. do Nascimento. Tratávamos de passaportes de estrangeiros, gente muito fina. Eu estava um dia sozinho e chega um senhor muito bem-posto, bem colocado: *Good morning, o senhor fala inglês?* Eu disse: *Não. - E fala alemão? - Não - Fala francês? - Não - Fala italiano?* Eu: *Opa, ta pra mim - Si,* e ele pra mim: - *Senta...* Eu peguei a cadeira e sentei. Aí percebi a besteira que tinha feito porque em italiano *senta* quer dizer *ouça* e vi que não sabia nada de italiano. Liguei pra Matilde pra me quebrar o galho.

Eu tocava gaita-de-boca, tinha um conjuntinho, e aí um dia fechei a porta do escritório, juntei os amigos e ficamos tocando gaita lá dentro, eu com os pés em cima da mesa do chefe, e entra o seu Aníbal e me pega em flagrante e me despediu. Fui despedido tantas vezes de emprego... Muitos anos depois encontrei o Aníbal P. do Nascimento nessas festas da *grã-finagem* que eu freqüentei muito em razão da faculdade. Lindas mulheres, bebida, comida, alegria, brincadeiras, eu cantava, era a gracinha que levavam nas reuniões, e fiquei amigo dele.

Trabalhei também no escritório de dois engenheiros, Lauresto Couto Echer e Carlos Nascimento de Arruda Botelho. Mandaram-me comprar cigarros e quando voltei, o troco estava errado para mais. – *Você conferiu esse troco?*, um dos sócios perguntou. – *Não*, eu respondi. E ele me mandou embora na mesma hora porque eu podia errar pra menos, já pensou?

Aí, li no jornal o anúncio de uma vaga. Cheguei antes de todos, lá pelas 7 horas, e fiquei plantado. Quando as pessoas chegavam, eu dispensava dizendo que a vaga tinha sido preenchida.

Só que o dono, seu Cardoso, estava lá dentro, viu o que eu aprontava e acabou me contratando, por ter me achado muito esperto. Eu escrevia à máquina mal pra burro, a mulher do seu Cardoso era brava, me corrigia, e tinha uma filha, a Carolina, uma belezura, que começou a namorar um rapaz muito bacana, datilógrafo, o Celso, e eu fiquei com uma raiva danada. Uma vez eu vi os dois se beijando, então, cantei para a Carolina uma versão minha de uma música do Cyro Monteiro, que dizia assim:

Vou te dar um beijo na boca,
que vai ser uma coisa louca,
você irá gostar,
do beijo que há tanto quis te dar,
não vá dizer que não quer,
pois é esse o seu desejo,
e é o desejo de toda mulher.

E ela me disse: *Mas toda regra tem exceção.*

Depois, fui trabalhar de datilógrafo na Companhia Piratininga de Seguros, no prédio do antigo

Mappin, recomendado por um amigo de meu irmão, e lá fiquei um tempo - ganhava 365 cruzeiros por mês, um salário regular, fiz muitas amizades.

Em 1943

Dom, Galador, Renato, Luizinho Caruso e Oscar Rodrigues de Campos, em Poá, 1946 - Conjunto Catimbós

Capítulo IV

Comerciário e Cantor

Minha vida era trabalho e escola – nessa época eu fazia o Ginásio no Instituto de Ciências e Letras do Dr. Alfredo Pucca e nos fins-de-semana me encontrava com dois amigos próximos, o Isidoro Jacobsen e o José Roberto Cotrim de Menezes, um rapaz muito bonito, sempre bem arrumado, bem penteado, irmão do José Eduardo e do José Carlos. Moravam com a mãe, D. Emeri Cotrim de Menezes, uma viúva muito bonita. O José Roberto gostava muito de uma vizinha nossa lindinha, a Albenise, filha da dona Lourdinha, amiga da mãe dele. Eu gostava muito dela também, mas não me atrevia a falar nada por causa da tremenda paixão do José Roberto – e ela não queria nada com ele, a ponto de escorraçá-lo. Eu acho que ela gostava de mim porque uma vez fomos de bicicleta da Barra Funda a Santo Amaro, para um churrasco, e a Albenise levou um tombo, e quando o José

Roberto quis socorrê-la ela recusou, preferindo a minha ajuda. Lembro dela me dizendo: *Eu gosto de um amigo dele...* Quando eu voltava da aula, passava na frente do sobrado dela, assobiando ou cantando - os meus amores eram platônicos. Tinha também uma menina muito bonitinha, que nós lá da rua assediávamos, e depois já moça eu a encontrei e ela era sapatão. Mas eu e o José Roberto tivemos duas namoradas, uma feia, coitadinha, que nós chamávamos de Caveira, e a outra muito bonitinha, acho que era Didi o apelido dela, e nós fomos namorar na Cardoso de Almeida, lá em cima, e eu fiquei com a Didi e ele ficou com a Caveira, então nós ficamos nos beijando e a Caveira dizia pro Zé Roberto: – *Olha o que eles estão fazendo, tá vendo, vamos fazer igual* – e o José Roberto: – *Esse sem-vergonha do Renato...* Aliás, pouco mais tarde, o José Roberto me mandou um cartão postal do Rio de Janeiro, mostrando a fachada de um teatro com nomes de artistas. *Espero que um dia seu nome esteja assim* - ele escreveu. Imagina, não me passava pela cabeça ser artista...

Desde garotinho eu cantava, sempre e bem, a princípio com uma voz fina e muito aguda. No fundo, o que eu queria mesmo era ser cantor de multidões e não de multidinhas - *E agora com vocês o Renato Consorte*, e o público ahaha, aplaudindo... Meus ídolos eram Orlando Silva, o cantor das multidões, o Chico Alves, Silvio Caldas, Carlos Galhardo, tanto é que eu escolhi como predileta uma valsa gravada pelo Carlos Galhardo, *Sonhos Azuis*. Tempos depois encontrei em Brasília com ele e o compositor, Braguinha, o João de Barro.

Tínhamos um conjunto vocal que cantava o repertório dos *Anjos do Inferno* e que era formado pelo Stênio Valim, Oscar Rodrigues de Campos, Agnaldo Rodrigues de Campos, Luizinho e Betinho Caruso, o tio e o pai do Marcos Caruso – eu era o solista. Uma vez, levamos de um padre uma bronca porque cantávamos em ritmo de samba uma música de igreja - *Os anjos, todos os anjos...* Com esse grupo fui me apresentar em Tatuí e lá estava a Vera, uma namorada de São Paulo.

Estávamos ensaiando quando chega um garoto e me diz: *A Vera está te esperando lá na praça, quer falar com você*. Eu respondi: *Diz a ela que não posso ir agora, estou ensaiando*. Lá foi o garoto. E nós ensaiando, ensaiando, e volta o garoto e me diz: *A Vera mandou você ir pra puta que te pariu*. Brigamos e nunca mais. Passados anos e anos e anos, participei de um Festival de Teatro em Tatuí – nessa altura eu já era ator, fazia cinema, teatro e televisão - e quando estava na casa do diretor do Conservatório, e quem aparece lá? A cunhada dele, a Vera, que estava viúva...

Um dia chega pra mim o Oscar Rodrigues de Campos que estava participando de um conjunto vocal organizado na Rádio Gazeta pelo Aloísio Silva Araújo. O Aloísio já tinha um conjunto vocal negro e queria fazer o mesmo com um grupo branco. Fui ver o que era, começamos a ensaiar e o Aloísio me colocou como solista porque achou que a minha voz sobressaía. A coisa não foi adiante, mas nosso conjunto continuou com um nome que descobri, *Catimbós*, e quando fomos tocar na Rádio Tupi, como ninguém estava presente para apresentar o grupo, eu me ofereci e soltei uma bobagem: - *Neste momento, o conjunto Catimbósta no ar*. Com o palavrão involuntário, rimos todos, mas nunca mais nos deixaram cantar por lá. Aliás, tempos depois, o Aloísio Silva Araújo me propôs gravar um comercial cantado para a Gessy Lever que dizia assim:

Linda pequena que pra mim sorri,
Sorriso igual ao seu eu nunca vi
Quem lhe deu esse sorriso divinal
Foi o sensacional creme dental Gessy.

Ensaiamos e quando chegou a hora de gravar, foi um horror, errei a letra, me deu uma paura, não consegui fazer o comercial. Outra vez, em um baile, fui cantar e como conhecia só a melodia, inventei a letra em inglês. Quando terminei, o pianista me chamou e disse: *Essa letra que você cantou é diferente da que tenho na partitura. – É que eu fiz uma letra especial pra mim* – respondi.

Tempos depois, fui a um baile organizado pela Companhia Sul-América de Seguros no Clube Comercial, da Rua Libero Badaró, onde tocava uma das melhores orquestras de São Paulo, de um regente chamado Otto Wey. Ele era tão requisitado que reunia uma porção de músicos na Praça da Sé, em frente da Catedral, para escolher quem iria tocar e em que local. Quando a orquestra tocou um fox que eu conhecia bem, *Tangerine*, fui pedir ao regente substituto, Renato, o pianista, para cantar junto. Fiz um sucesso enorme - mesmo sem saber o que cantava, tenho a letra na cabeça até hoje. Aí, o Renato me convidou para voltar ao baile do dia seguinte para me apresentar ao Otto Wey.

Era uma matinê marcada para as 16 horas e cheguei tão cedo que fiquei passeando pelo centro da cidade. Encontrei então, na porta, um companheiro meu do conjunto vocal, o Luizinho Caruso, e botei banca: *Vim cantar com a Orquestra do Otto Wey*. O Luizinho não acreditou, carreguei ele comigo e me anunciei ao porteiro: – *O senhor pode dizer ao senhor Otto Wey que o*

Renato Consorte está aqui? O maestro desceu, cantei a tarde inteira e quando saí, ele me deu 60 cruzeiros – acho que eu ganhava isso por mês, na época. Continuei, eu cantando de qualquer jeito, tocava bateria, até que ele me pegou em um erro em um fox romântico, melodioso, que foi gravado pelo Bing Crosby, chamado *Sing me a Song of the Island*. Eu cantei isso com pronúncia errada, ninguém falou nada na hora, mas nunca mais o Otto Wey me chamou para cantar. Quando me formei no Ginasial, a orquestra dele foi contratada, mas como eu não tive dinheiro para pagar a taxa do baile, não me deixaram entrar. Pedi para avisarem ao maestro que o Renato Consorte estava lá e ele me chamou. Muitos anos mais tarde, já no TBC, eu fazendo teatro, encontrei um ator extraordinário chamado Waldemar Wey – era o filho do Otto Wey - que tinha um outro filho que foi embaixador do Brasil no México – nos encontramos quando fui me apresentar lá com o Teatro de Arena.

Capítulo V

Das Casemiras ao Largo de São Francisco

Então, soube que precisavam de um escriturário na Casa Humberto Abraão, uma loja de casimiras na Rua José Bonifácio. Eu escrevia cartas cobrando, reclamando, até que um dia o seu Humberto me pediu para escrever uma carta mais dura para uma firma que estava devendo há algum tempo. Eu escrevi a carta dizendo que se eles não pagassem, a loja iria tomar uma atitude *gástrica*, ao invés de uma atitude *drástica*.

Fiz diversas vezes confusões desse tipo, inexplicáveis. Em uma peça, ao invés de me referir a um industrial *abastado*, disse que ele era *bastardo*. Quando jogava bola ao cesto, sugeri ao técnico um time *fictício*, e não *fixo*. E na faculdade, num exame de Direito Penal, confundi o Joaquim José da Silva Xavier, o Tiradentes, com o Joaquim Silvério dos Reis, o Traidor. Fui reprovado. Na loja, tínhamos um time de futebol, e numa ocasião, organizamos um campeonato e fomos jogar no Palmeiras. Fiz o gol da vitória pra mostrar ao Gino, meu irmão.

Aos 17, 18 anos, fui convocado para o Tiro de Guerra (Colégio de Instrução Militar) - minha turma era chamada de *Vaca Amarela* por causa do uniforme que usávamos - de onde fui expulso três vezes. A mais tranqüila foi quando tínhamos que marchar do Parque D.Pedro até o Ipiranga, ida e volta, e liderei um grupo que saiu de forma no Ipiranga e se escondeu na mata.

No Tiro de Guerra, ao centro, 1942

E a pior foi quando achei que todo japonês tinha obrigação de conhecer lutas marciais e quase acabei com um colega de turma que chamei para lutar jiu-jitsu. Aliás, sou anarquista, inclusive fiz um documentário sobre um anarquista célebre.

Na Casa Humberto, sempre por volta das 6 horas da tarde, chegava um senhor muito bem posto, imponente, de vasta cabeleira, chapéu, ia com a mulher, que era parente do dono, o Humberto Abraão, na verdade, de sobrenome Abramo - para entrar no comércio de tecidos, ele mudou

para Abraão, para disfarçar. Este senhor era Ibrahim Nobre, figura máxima da nossa Revolução de 32, um orador extraordinário - falta um monumento para Ibrahim Nobre no Largo de São Francisco. Acredito que foi orientado por ele que fui para a Faculdade de Direito, tenho a impressão que ele me deu uma carta de apresentação.

Inscrevi-me em 1946, mas não tinha a mínima noção do que era aquilo, só sabia que lá se formavam advogados. Fiz dois exames: no primeiro levei bomba em latim; no segundo, fui aprovado, porque eu era meio analfabeto em inglês, mas tinha boa pronúncia. Quando eu já freqüentava as aulas, a turma do trote me viu de cabelo comprido, então, me pegaram, me amarraram e no pátio me escalaram pra fazer uma declaração de amor para uma quintanista linda de morrer. Eu não só fiz a declaração como quis agarrá-la, me deram uma bronca... Era a Lygia Fagundes Telles. Topei tanto as brincadeiras que passei a dar ordens para os outros calouros...

Candidato à presidência do C.A. XI de Agosto, 1946

Essa passagem pela faculdade foi muito confusa. Entrei em 46, cheguei até o 4º ano, interrompi o curso por volta de 1950 para trabalhar com teatro e cinema no Rio de Janeiro, e não tranquei matrícula. Quando voltei para o Largo São Francisco, algum tempo depois, fiquei sabendo que havia sido jubilado – cheguei a pensar que era uma homenagem. Sou sócio honorário da Associação dos Antigos Alunos da Faculdade, que se reúne todos os meses, e digo que tenho como parceiros ilustres na proeza de não ter terminado o curso, o Fagundes Varella, o Arthur de Azevedo e o Castro Alves...

Teve um ano que me ligaram no Rio de Janeiro para vir fazer um exame em que todos seriam aprovados porque o professor Cesarino Júnior, que me perseguia muito, estava viajando pela Europa. Eu não pude vir por causa de uma peça e a primeira pergunta que o Cesarino fez foi: – *O Consorte foi aprovado?* Uma ocasião, ele estava na festa de aniversário da filha do Milton, que quando entrou na Faculdade nós chamávamos de Mojica, porque ele tinha muito cabelo e se parecia muito com o ator José Mojica que depois virou frei. Quando ficou careca, passamos a chamá-lo de Milton Mijoca... Não me inibi com a presença do Cesarino, peguei o violão e cantei meu repertório que tinha muita música de malandragem, de crioulos, diziam que era provocação. Nos intervalos, os amigos insistiam que ele devia me aprovar, ele quietão, muito elegante, culto, quando nos despedimos ele me falou: – *Gostei, o senhor é muito bom artista, mas estude que os exames estão próximos...*

Os alunos aprontavam mesmo. Tinha gente que comprava a prova pronta, praticava a mãozinha de ouro, tinha as colas - uma vez, fiz colas minúsculas, mesmo assim fui descoberto. O Cesarino tinha um fichário para exame oral – cada ficha vinha com três questões diferentes. Eu sorteei a minha ficha e fiquei feliz porque na primeira questão tinha tudo o que eu havia estudado. Só que na hora que cheguei na frente dele e comecei a desenvolver o primeiro tema, ele me interrompeu, alterou a ordem das questões e me perdi todo. Ele me reprovou.

Mas nessas minhas histórias com ele havia muita invencionice também. Contavam que num programa humorístico da TV Paulista, eu chamava um dos personagens de Cesarino: *Cesarino, engraxa meus sapatos... Cesarino, vai me buscar um café... Pode ser...*

Mas atribuíram a mim, na Faculdade de Direito, umas outras gracinhas que não são da minha autoria. Havia um aluno chamado Sangirardi Junior que uma ocasião, ao ser argüido pelo professor de Direito Romano, Alexandre Correa, se não me engano, não respondeu nada porque não sabia nada. O professor, então, muito revoltado, disse ao bedel: – *Traga um pouco de capim.* E o Sangirardi completou: – *E pra mim um cafezinho*. Uma vez, eu e mais uns três ou quatro alunos chegamos atrasados na aula do professor Pinto Pereira e encontramos a porta fechada. Eles gritavam:

Pinto Pereira
sem cabeleira
abre essa porta
senão dá sujeira.

Também atribuem a mim essa gracinha, juro por Deus que não fui eu.

Uma ocasião, o Carlos Fernando Azevedo Sá convidou o nosso grupo para um almoço político no Pacaembu, com 300, 400 pessoas, de adesão do Paulito Nogueira ao Adhemar de Barros. Tomamos aperitivos e eu resolvi tomar banho na piscina, pelado. A polícia chegou, me prenderam e me levaram para um carro de quatro portas, um policial e o delegado na frente, e me mandaram entrar atrás, eu entrei abaixado, sai pela outra porta e o carro foi embora sem mim. Loucuras da juventude. Aliás, na faculdade iniciei o desuso de gravata e paletó até que em um exame oral um professor exigiu o uso de gravata e tive de improvisar.

Ao entrar na faculdade, pedi demissão da Casa Humberto e para me sustentar comecei a vender papéis e seguros – continuei ligado à Companhia Piratininga de Seguros. Nesse ano, fui cantar na festa de casamento de um colega, o Raul Duarte de Azevedo, e lá estava o Aloísio Simões de Campos, o Quati, que tocava pandeiro na Caravana Artística da Faculdade de Direito. O Quatí falou com o Fausto Augusto Anselmo Cerri, que presidia a Caravana, e fui fazer um teste. Aprovado, virei figura popular na faculdade e comecei a freqüentar o Centro Acadêmico XI de Agosto antes mesmo da data de abertura para calouros.

O engraxate do Centro Acadêmico era o Zé Minueto, que se arrepiava todo quando resolvia contar a história da cigarra e da formiga. Dizia ele: – *A cigarra vivia cantando e quando chegou o inverno, a formiga disse: – Cantaste outrora? Pois dançaste agora...*

Quando me convidaram para a primeira Caravana Artística programada, recusei o convite com medo do tratamento que seria dado aos calouros como eu. Prometeram me respeitar e logo em Limeira tive que carregar as malas de todos. Fiquei em um apartamento com o Trajano, um violonista conhecido do grupo - o Alberto Cardarelli também tocava violão - e depois do show resolvi fazer, com o grupo, uma serenata para uma moça que tinha conhecido no baile. A menina morava em um conjunto de sobrados e quando começamos a cantar, abriu-se uma janela aqui, outra acolá. De repente, todas as janelas se fecharam ao mesmo tempo – a canalha tinha urinado no muro que separava os sobrados da rua, quanto mais baixaria, mais ficavam notados. Na manhã seguinte, quando peguei meu sapato, tinha um pombo morto nele, ou seja, um cocô. Peguei o pombo delicadamente, embrulhei direitinho e coloquei no bolso do paletó do Trajano. Fomos tomar café no bar da esquina, as meninas foram se aproximando e ele, muito delicadamente, resolveu colocar a mão no bolso para pagar a conta. Foi um vexame.

Em 1947, fui chamado a cantar na Festa do Abacaxi, em homenagem aos calouros que entravam naquele ano. Tinha orquestra, ensaios, escolhi *Na Baixa do Sapateiro* e uma música espanhola, *Para Que Recordar*. Quando comecei a cantar, minha família, que estava em um camarote, ouviu a Alda Garrido, uma atriz de sucesso, que estava ao lado, me elogiar. Assim que terminei, ela foi ao palco e convidou a mim e ao José Albino Pereira, que era muito engraçado, lembrava o Bud Abbott, para nos apresentarmos com ela. Nenhum de nós aceitou o convite, eu achava que queria ser advogado. Aliás, tanto o José Albino quanto o Quati viraram figuraças.

Num sábado à noite, sem grana, eu e uns colegas lembramos que naquele horário, na Rádio Record, o Blota Jr. apresentava um programa que premiava quem melhor cantasse uma das músicas do repertório do Francisco Alves. Cantei *Os Grãos de Areia do Mar*, mal conhecia a letra, o tom da música era baixo para mim, mas pedi para a orquestra subir o tom e venci graças ao alarido dos colegas. Quando fui buscar o prêmio com o Comendador Siqueira, o grupo todo comemorando a futura noitada, veio a decepção: meu prêmio de cem cruzeiros só seria liberado na segunda-feira.

Na Faculdade de Direito tínhamos dois partidos, o Libertador, ao qual eu fiquei ligado, e o Renovador, progressista. O Ubirajara Keutnedjian saiu candidato à presidência do Centro Acadêmico pelo Partido Libertador e o Enio Testa, o Cássio Moraes Costa e eu éramos candidatos à Comissão de Sindicância. O Ubirajara me levou a uma livraria famosa perto do Largo São Francisco, me fez preencher uma ficha e disse aos atendentes que eu podia pegar o que quisesse lá dentro – nunca tirei nada, achei que ele estava querendo me comprar. Aí, mandei fazer uns santinhos com a minha foto e ganhamos a eleição. Daquelas turmas, quem me detestava era o Boi Ápis, de família tradicional paulistana, que ficou na boca-de-urna fazendo campanha contra mim.

Uma ocasião, a deputada Conceição da Costa Neves, bonitona, que foi atriz da companhia do Procópio Ferreira e trabalhava em prol de um hospital de tuberculosos, convidou nossa Caravana Artística para dois espetáculos no Grande Hotel do Guarujá. Lá se apresentou também o Paulo Vanzolini, que eu achava que era calouro – na verdade, era terceiranista de Medicina. Um outro colega nosso era o Caio de Alcântara

Machado, o maior empreendedor que o Brasil teve até hoje, e que tinha uma namorada no Guarujá, Cecília. Ele me pediu para fazer uma serenata para ela. Começamos a cantar e a casa toda no escuro. Depois de algumas músicas, abre-se uma janela e sai uma cabecinha dizendo:
- Seu Caio, a dona Cecília está pra São Paulo...

O Manoel Pedro Pimentel, que depois foi um grande penalista, era o diretor artístico do espetáculo. E tínhamos no elenco também o João Brasil Vita, o apresentador dos números, mas que, prolixo como sempre foi, falava e falava e falava - uma vez tivemos que envolvê-lo com a cortina para tirá-lo de cena. Era uma figura, irmão do Mário, que cantava pra mim a canção *E Maintenant* em napolitano: *E mó, che facciamo...* Tinha também no grupo o Brasil Dolássio Mendes, o Kleber de Menezes Dória, que dançava frevo, e outros mais. Um dos números do grupo era *As Irmãs Sisters*, em que três marmanjos vestidos de mulher e o Renato Ópice, com um cachimbo, dublavam uma música cantada pelo Bing Crosby com as Andrews Sisters chamada *South*

América Take Away que era o sucesso do nosso espetáculo. Depois de muito tempo é que minha mulher, ouvindo a música, me contou que a letra esculhambava o Brasil, veja a besteira que a gente fazia. Também cantavam muito bem o Cerri, o Dirceu de Oliveira Lima e o Carlos Fernando de Azevedo Sá que chegou a ser profissional, cantava no *roof* da Gazeta.

Essa Caravana foi a última, mas eu continuei carregando comigo meu violão branco com o emblema da Faculdade de Direito e autógrafos do Sílvio Caldas, do Dorival Caymmi. Acontece que quando fui trabalhar na Vera Cruz, como eu ganhava bem, comprei um carro em Taubaté em dezessete prestações, num total de 89 mil cruzeiros, era um Morris Oxford 52, quatro portas, zero-quilômetro, tanto que fui buscá-lo com um dos técnicos da Vera Cruz, um americano chamado Michael Stoll que depois criou a maior empresa de dublagem, a Álamo.

Viemos a 20 km por hora até aqui, mais de 130 quilômetros para amaciar o carro.

E meu violão foi roubado do carro quando eu estava no Rio de Janeiro. Até pedi para o Ibrahim Sued noticiar na coluna dele. Um jornalista gaiato escreveu uma crônica a respeito desse fato, gozando meu violão branco. Eu respondi com uma carta dizendo que se o violão fosse encontrado, ele teria a chance de diferenciar um violão de um aparelho sanitário. Nunca mais encontrei esse violão branco...

Mas voltando ao Guarujá, um sujeito muito desagradável se infiltrou no meio dos estudantes e combinamos que ele merecia um pombo morto. Estávamos hospedados no anexo do hotel e foi fácil. Fizemos uma sujeirada dentro da mala do cara que sumiu, nunca mais apareceu. Mas na saída do hotel, tivemos que abrir as malas para checar quem tinha *levado* o quê.

O engraçado é que eu tinha uma voz muito fininha quando criança e na juventude ela engrossou tanto que as pessoas começaram a ter dificuldades em me entender. Não entendiam, mas atendiam. Acabei criando então no Ginásio uma *fala de araque*, que fui aperfeiçoando e passei a usar muito em classe, com os professores. Com esse jeito de não falar nada, eu fazia discursos políticos, homenagens. Usei essa fala em meu primeiro exame oral com o professor Otávio Guimarães, de Direito Civil. Ele fazia uma pergunta, eu pegava palavras dele, botava uns sons meus, misturava, respondia, apontava o Código Civil, dizia um número qualquer de artigo, o professor me pedia para repetir e eu repetia – e aí é que está o segredo, repetir na íntegra a mesma coisa. O professor fez duas ou três perguntas e deu-se por satisfeito. Só que como havia duas bancas, uma de cada matéria, passei para o outro professor, de Direito das Finanças, me parece, e ele foi me dizendo: – *Renato Consorte, eu vou lhe fazer umas perguntas, mas o senhor responda bem articuladamente, em muito bom tom e bom som*. Esse professor fez umas perguntas e eu não soube responder nenhuma.

Acabei sendo aprovado em Direito Civil, mas passei o resto do curso fazendo exame oral escrevendo na lousa. Mesmo sabendo a matéria, o professor dizia: – *Olha, desculpe, mas comigo esse recurso não pega* – e eu era reprovado. Quando fui preso pelo Exército Brasileiro, no AI – 5, tive de dar um depoimento. Em certo ponto, o major Beltrão disse: – *Sr. Renato Consorte, o senhor, por favor, diga alguma coisa que eu possa entender, pois tenho de fazer um relatório.*

Meu último emprego antes de entrar para a vida artística foi na Mercúrio, uma empresa de marcas e patentes do Guilherme Gnoche e do Atílio João Fuso, numa seção em que nós sugeríamos às empresas o registro de certas marcas. Havia um samba na época que dizia:

É com esse que eu vou
Sambar até cair no chão,
é com esse que eu vou...

Então, escrevi uma carta para a Esso sugerindo que eles registrassem a frase *É com Esso que eu vou*, uma beleza, uma frase de propaganda aproveitando um sucesso em cartaz. Eles recusaram, agradeceram, mas, passados os anos, eu já tinha saído da Mercúrio, a Esso adotou a frase. A Mercúrio abriu um processo por uso indevido e ganhou uma fortuna.

Um dia apareceu por lá uma americana querendo patentear uma invenção que seria o sorvete com Coca-Cola, olha a loucura...

Registrando marcas e patentes na Mercúrio, 1948

Capítulo VI

Os Bons Tempos do TBC

Por volta de 1947, fui apresentado pelo Sérgio Coelho a uma moça da sociedade paulistana que tocava violão e cantava, a Inezita Barroso, recém-casada com o Adolfo Barroso. Nos fins-de-semana, nós costumávamos nos reunir na casa dela, na Rua Poconé, no Sumaré: os irmãos do Adolfo, Mariana e Mauricio Barroso, o José Salibe, que tocava violão muito bem, o Tonico Leporace, o Sérgio Maragliano e o Oswaldo Gomes, que trabalhava na imprensa, era comunista, deve ter sumido por conta da ditadura militar. Uma noite, abre-se uma porta e no alto da escada aparece uma figura muito bonita cantando em francês, imitando uma cantora famosa da época chamada Lucienne Boyer. Era o Paulo Autran, que acabou me convidando para um teste na peça que ele estava ensaiando no TBC – Teatro Brasileiro de Comédia - *A Noite de 16 de Janeiro* - em substituição a Laércio Laurelli.

a casa de Inezita, com Oswaldo Gomes, Adolfo Barroso e Paulo utran

Na casa de Inezita, com Tonico Leporace, Inezita Barroso, Oswaldo Gomes, Mariana e Adolfo Barroso

A peça era de uma autora chamado Ayn Rand e a direção do Mr. Eagling. Foi meu primeiro trabalho, em 1949, e o início do teatro a sério, profissional, pra valer.

Trabalhei ao lado do Abílio Pereira de Almeida, Célia Biar, Marina Freire, Nydia Licia e Arnaldo Gomes de Oliveira. A peça era em torno de um júri estilo americano e eu fazia *Sigur Anderson*, uma das testemunhas – a secretária Nydia Licia era acusada do assassinato do Mr. Faulkner. Quando entrei em cena na estréia, houve um tumulto na platéia e aí entendi a razão: é que meu nome saiu errado no programa, como *Sigrid*, e esperavam uma mulher. O Júlio Gouveia, que mais tarde fez O Sitio do Pica-Pau Amarelo, era o advogado de defesa e o Paulo Autran fazia o promotor - o Júlio tinha um problema de fala, empacava nas palavras começadas por P ou B.

Na peça, o corpo de jurados era formado pela platéia, já existia esse sistema interativo, e então o ator Luciano Centofanti abria o espetáculo e convidava os espectadores a decidir se a ré era culpada ou inocente - tínhamos dois finais.

Em uma das apresentações, fez parte do júri o dono de um boteco em frente ao teatro, um português, que deveria dar o veredicto. Na hora, ele levantou e disse: – *O corpo de jurados aqui presente decidiu que a ré culpada é inocente...* Tivemos de fechar o pano...

Itanhaém, 1945, com as irmãs Olga e Jovina e o sobrinho Antonio Augusto Arantes, hoje presidente do IPHAM

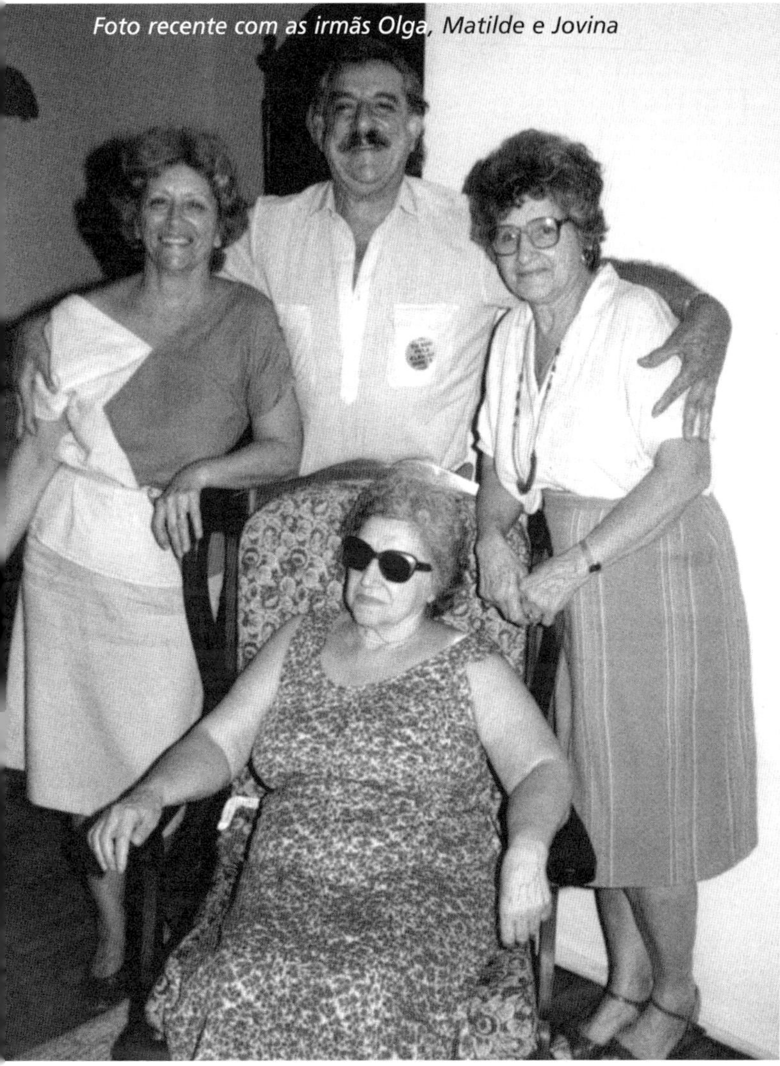

Foto recente com as irmãs Olga, Matilde e Jovina

Depois fiz ali *O Mentiroso*, uma peça de Carlo Goldoni, da Commedia Dell 'Arte, dirigida pelo Ruggero Jacobbi e que no original chamava-se Il Bugiardo. O Carlos Vergueiro, que era o sustentáculo do TBC, fazia o Arlequim com uma leveza, era esportista - Célia Biar era a Colombina. Com isso, fiquei ligado ao Dr. Franco Zampari, o fundador do Teatro Brasileiro de Comédia, que não recebeu ainda a homenagem que merece. Ficamos amigos, ele, eu, a Débora, mulher do Franco, que era de uma tradicional família de São Paulo, o irmão e a cunhada, Carlos e Glória.

O Dr. Franco Zampari veio da Itália, havia sido colega do Ciccillo Matarazzo, tinham estudado juntos em Nápoles, e quando chegou ao Brasil foi trabalhar como engenheiro nas Indústrias Reunidas Francisco Matarazzo. Ganhou muito dinheiro, e como era ligado às artes, resolveu assumir um mecenato quando foi assistir a um espetáculo no Teatro Municipal, feito por um grupo amador formado por alunos de Direito e Filosofia, onde estavam Abílio Pereira de Almeida e Ruy Affonso. Cumprimentou os atores, perguntou aonde se apresentavam e prometeu-lhes então um teatro que passou a ocupar uma oficina que funcionava na Rua Major Diogo, 311/315, em um sobrado que tinha uma frente pequena, mas muitos fundos. Na época chamava-se Sociedade Brasileira de Comédia e estreou em 1944.

Numa portinha ao lado do TBC, o Dr. Franco Zampari e o Joe Kantor montaram o Nick Bar, pequeno, mas com as melhores bebidas, as mais puras. O Joe parece que tinha sido marinheiro, era muito esperto, ativo, alegre, muito ligado à música, então levou um piano de meia cauda e um contrabaixo acústico. Era um lugar importante, todos passavam por lá, o Cauby Peixoto, o Moacir Peixoto, o Simonetti começou lá como pianista, depois formou o trio e a orquestra, o José Vasconcellos contou no Nick Bar, pela primeira vez na vida, a famosa piada do Cadillac que não tinha macaco, até o Tommy Dorsey apareceu. Foi no Nick Bar que conheci o Haroldo Barbosa, um gênio, simpático, inteligente, era quem fazia os maiores programas de humor da época e foi quem me levou para a Rádio Mayrink Veiga. O irmão dele, Ewaldo Rui, namorava a Elizeth Cardoso. No Nick Bar, no inicio da carreira, um jornalista me pediu uma foto para publicar. Eu, que já tinha fotos para as admiradoras, dei e no dia seguinte ele me esculhambou de ponta a ponta, dizendo que era brigão, metido a galã. Depois nos encontramos e ele disse que era uma brincadeira, aquele filho da puta, dei-lhe uma porrada e ele nunca mais escreveu de mim.

No TBC, trabalhei com o Zbigniew Ziembinski em diversos espetáculos, mas tivemos um desentendimento quando estávamos rodando o filme *Appassionata*, na Vera Cruz. Eu era o diretor de produção e, metido a besta, dei uma bronca no Ziembinski, aquele monumento, por ele ter se atrasado para ir a São Bernardo. Ele ficou arrasado, cortamos relações. Até que em 1952, eu, de férias da Vera Cruz, fui convidado pelo Flamínio Bollini Cerri para fazer uma comédia americana chamada *Vá com Deus*, um texto escrito por John Murray e Allen Boretz, com Sérgio Cardoso, Ziembinski, Cleyde Yaconis, Josef Guerreiro, Carlos Vergueiro.

A peça girava em torno de uma companhia de teatro que, sem dinheiro, se instalava em um hotel da Broadway, que tinha como gerente um parente de um dos atores. Nesse hotel, trabalhava como garçom um ex-ator russo chamado Sacha Smirnoff, que havia feito muito sucesso na sua terra e procurava em Nova York uma oportunidade de voltar à carreira. Eu fazia o Sacha e o Antunes Filho, que era assistente do Bollini, me ensaiava à tarde sozinho, à noite eu me juntava ao grupo e pela manhã ainda ensaiava em casa. Esse russo tinha que ter um sotaque diferente então, procurei o Victor Merinow, o maquiador da Vera Cruz – estavam filmando *O Cangaceiro*, na época - que era russo e tinha um linguajar apropriado, uma tessitura diferente, e pedi que ele lesse meu papel várias vezes para eu observar seu sotaque. Pedi também a um jornalista russo que escrevesse um artigo em russo sobre o Sacha Smirnoff que estudei e decorei - na peça, eu lia para o chefe da companhia, papel do magnífico Sérgio Cardoso, quase desmontei a clavícula dele na cena do teste. Na estréia, quando representei esse trecho, fui aplaudido em cena aberta...

Com o Ziembinski ainda fiz *Divórcio para Três*, do George Sardou, em que ele era par amoroso da Cacilda Becker – uma atriz muito dedicada ao trabalho, e a última peça de Pirandello, que ele deixou inacabada, *Os Gigantes da Montanha*, com Cleyde Yaconis no elenco e direção do Federico Pietrabuna.

Aliás, quem montou essa peça no Brasil foi um grupo de italianos do Teatro Dois Mundos: o Zeloni me indicou para o elenco. Desse grupo faziam parte umas senhoras muito finas, muito bem postas, que andavam arrecadando obras de arte pelo mundo afora – tinham acampado até mesmo na porta do Picasso e aqui conseguiram uma obra do Volpi - para serem leiloadas em prol de uma causa política. Parecia meio vigarice, tanto que no Rio de Janeiro o Paschoal Carlos Magno disse claramente que não acreditava no projeto. *Os Gigantes da Montanha* foi um fracasso.

Ainda no TBC trabalhei em *Na Terra Como no Céu*, em 1953, e em *Assim é Se Lhe Parece*, de

Pirandello. Nessa peça eu fazia o Comissário Centuri e havia uma cena, no terceiro ato, em que eu entrava esbaforido, cansado e começava a fumar. Como o Comissário estava na frente do prefeito, eu afastava a fumaça com o lenço e como a platéia riu, exagerei. Mas foram contar pro Celi, que era o diretor, que eu estava fazendo palhaçada e então ele e seu assistente, o Nelson Camargo, foram pra platéia. O Nelson ria muito, mas o Celi ficou louco da vida e, quando terminou o espetáculo, ainda na escada, parou o elenco, eu no meio, e me passou um sabão, disse que eu estava atrapalhando a cena dos outros. Foi aí que eu vi a importância da disciplina do ator, que deve aproveitar suas cenas, mas não atrapalhar as cenas dos outros.

Eu queria uma decisão da minha carreira no TBC, até escrevi uma carta para o Adolfo Celi cobrando isso, ele tentou que eu entrasse no elenco fixo e afinal acabou discutindo com o Dr. Franco Zampari e pedindo demissão para montar a Companhia Tonia-Celi-Autran.

Capítulo VII

Memória Viva da Vera Cruz

Em dezembro de 49, começou a formar-se a Companhia Cinematográfica Vera Cruz e havia a necessidade de elementos que trabalhassem atrás das câmaras, na produção, na assistência. Maurício Barroso, que conhecia o meu trabalho de marcas e patentes na Mercúrio, indicou meu nome para o Dr. Franco Zampari, para trabalhar na produção, o setor mais árduo do cinema. Fui contratado no começo de 1950, como o segundo assistente de produção da Vera Cruz, que tinha escritórios no prédio do TBC. De lá saíamos cedo, de ônibus, para trabalhar nos estúdios de São Bernardo que estavam sendo construídos. Eu ganhava um ordenado muito bom, de cinco mil cruzeiros por mês, mais ou menos a mesma quantia que retirava na Mercúrio, pagava 10% desse valor de aluguel em um sobrado muito bom, onde vivia a família. Embora não soubesse bem o que era a minha atividade na produção de cinema, aceitei porque conhecia o pessoal e estava por dentro do ambiente. Fiz vários trabalhos na Vera Cruz: é que quando faltava alguém para um papel, os diretores me pediam para atuar e acabei participando como técnico e ator de quase todos os filmes.

Eu era o segundo assistente de produção do Alberto Cavalcanti, que tinha uma carreira de sucesso como diretor de cinema na Europa e chegara ao Brasil, em 1949, para uma série de conferências. Como o trabalho era escasso na Europa por causa da guerra, o Dr. Franco Zampari contratou o Cavalcanti para ser o produtor geral da Companhia , uma atividade errada porque ele era um artista, tinha muita sensibilidade, e o Dr. Franco Zampari lhe deu uma função que não se coadunava com ele.

Caiçara

Como assistente de produção do Alberto Cavalcanti, eu era pau pra toda obra e nossa primeira missão na Vera Cruz, início de 1950, foi ir até Ilhabela, que havia sido escolhida por algum débil mental, porque não era o lugar para se fazer o primeiro filme da companhia em âmbito industrial. Levávamos um dia inteiro para chegar em São Sebastião e atravessar de barca para Ilhabela, cheia de borrachudos. A barca chegava direto numa fazenda de um cearense, depois dava uma voltinha e parava numa outra comunidade e mais mil paradas até chegarmos na Vila. Mauricio Barroso, o galã do TBC, foi nos acompanhando, mais o Aldo Calvo, cenógrafo e figurinista das peças do TBC, o Adolfo Celi, que era o diretor e argumentista, e Tom Payne, que seria o assistente de direção do Celi. Fomos conhecer os locais de filmagem e tomar providências de produção. Só tinha um hotel na praça, tivemos de nos acomodar em casas de família, como foi meu caso que aluguei um quarto. No elenco estavam Eliane Lage e Mário Sérgio, fiz uma ponta cantando uma moda de viola com os caiçaras, mas ajudei a escolher o elenco, levei o Luiz Calderaro, que fez carreira no TBC e na Vera Cruz e descobri dona Joaquina da Rocha para fazer a Siá Felicidade. Eu tinha que encontrar uma preta velha para o filme e ninguém

Cena de Caiçara

acreditava na minha conversa quando um dia, em casa, vejo minha mãe conversando com uma catadora de papel, que era a preta velha que eu estava procurando. Falei então com minha mãe, disse que eu tinha para ela um papel no filme *Caiçara*, que ela teria de ir comigo para Ilhabela filmar, se tornar artista do cinema nacional, e minha mãe conversou com dona Joaquina da Rocha, que aceitou. Ela não sabia ler, tínhamos que ensinar as falas, mas fez um sucesso enorme, tanto que ganhou o prêmio de melhor atriz coadjuvante em 1950. Depois do filme, mandei reformar a casinha dela e até ficar pronta ela ficou morando na Vera Cruz - participou ainda de *Sinhá Moça* e de *O Cangaceiro* - viajou de avião. Eu dizia pra ela: *Cuidado, não vá assinando qualquer papel não*. Então, até na hora de dar autógrafos ela vinha me perguntar se podia.

Quando acabaram as filmagens, tive que continuar por Ilhabela um tempo sozinho para acertar as últimas contas com os fornecedores, então, como não tinha dinheiro, peguei um material nosso – óleo e madeira - e vendi. Uma ocasião, eu estava no escritório e chegou lá o fornecedor de alimentação para a equipe, o Bianco, que queria receber na marra. Fui salvo pelo Fausto Augusto Anselmo Cerri, ex-colega de faculdade, delegado de Ilhabela, e apaziguou a questão. Passados uns tempos, quem assume o refeitório dos estúdios da Vera Cruz? O Bianco. Dei uma bronca e ele saiu.

Terra é Sempre Terra

O Abílio Pereira de Almeida dizia que terra, por mais cara que se venda, é sempre um mau negócio; e por mais caro que se compre, é sempre um bom negócio, daí o título do filme que foi feito em 50 e lançado em 51. Tom Payne, o diretor, me convidou para fazer o papel de um advogado - a Eliane Lage fez uma participação e a produção era do Alberto Cavalcanti. Achei que ficaria só nos estúdios em São Bernardo do Campo, mas acontece que o papel se estendeu, havia externas também, tive que filmar na Fazenda Quilombo e era terrível, eu ia lá, não dava tempo de terminar as cenas, tinha que voltar, o Celi estava ficando desesperado.

Com Mário Sérgio

É SEMPRE TERRA"

— Distribuição da UNIVERSAL INTERNATIONAL

Como responsável pela produção, eu tinha que achar uma fazenda já meio deteriorada e corri Campinas até que encontrei a Quilombo, mas me mandaram que fosse com cuidado porque o proprietário era irascível, mas consegui, disse que íamos fazer uma reforma, acomodações pra equipe e lá fomos. Nesse meio tempo, cuidava da dublagem de *Caiçara*, tive que indicar e escolher as vozes, Henrique Lobo dublando o Mário Sérgio, Gessy Fonseca dublando a Eliane Lage - a Gessy até hoje faz esse trabalho, é uma das melhores vozes do rádio brasileiro. O Oswald Hafenrichter, austríaco, era o chefe da montagem, fazia parte daquele liquidificador de línguas estrangeiras que era a Vera Cruz, trabalhava na montagem com a Lúcia Pereira de Almeida, mulher do Abílio, e com o Lúcio Braum. Quando terminou a dublagem de *Caiçara*, o Oswald se abaixou para amarrar os sapatos e ficou dormindo de tanta exaustão. Um outro técnico pegou um ônibus em São Bernardo e ficou indo e voltando porque dormiu na viagem. Numa certa hora, quando ouvimos a dublagem, tinha um ronco no meio, de alguém que tinha dormido.

Ângela

Nessa época, 1951, o Cavalcanti já tinha saído da Vera Cruz e o filme foi dirigido inicialmente pelo Abílio Pereira de Almeida e Tom Payne e no final só pelo Tom Payne, que era inglês, tinha vivido muito tempo na Argentina e era casado com a Eliane Lage, uma moça belíssima, tinha fotogenia, uma moleca, excelente. Na nossa frente, ela era um cachorrinho; com ele, atenciosa, subserviente, servil, andava atrás do Tom com lanchinhos. O Celi se irritava muito porque ela terminava uma cena e olhava para o Tom para ver se ele aprovava, o Celi ficava puto.

A Eliane Lage era muito despojada e quando o John Wayne esteve nos estúdios, ela vinha com a calça jeans cheia de barro, num jipe inglês que eles tinham. Fiz uma participação jogando baralho, dentro do estúdio. No elenco, Mário Sérgio, Alberto Ruschel, Abílio Pereira de Almeida, Luciano Salce, que além de diretor era um excelente ator, Ruth de Souza, Inezita Barroso, Albino Cordeiro e Kléber de Menezes Dória.

Com Abílio Pereira de Almeida, Albino Cordeiro e Kléber de Menezes Dória, em Ângela

Em Sai da Frente, o primeiro filme de Mazzaropi

Sai da Frente

O filme é de 52 e marcou a estréia de Mazzaropi no cinema – fiz uma cena com ele. Nós estávamos procurando o ator para o papel principal do filme quando vi um caipira chamado Mazzaropi se apresentando na televisão - TV Tupi. Era um espetáculo fabuloso de graça, simpatia, autenticidade, então, corri e chamei o Tom Payne para ver, ele ia dirigir o filme com o Abílio Pereira de Almeida. O Mazzaropi depois fez *Candinho* e *Nadando em Dinheiro*.

Em Tico-Tico no Fubá, com Modesto de Souza

Tico-Tico no Fubá

O filme é de 1952, com Anselmo Duarte, Marisa Prado, Modesto de Souza e Tônia Carrero no elenco, ela no papel da artista de circo por quem o Zequinha de Abreu se apaixonava e vice-versa. Adolfo Celi na direção, o Fernando de Barros fazia a produção e eu era assistente de produção - também fiz o papel de um barbeiro. Já estávamos com uma parte filmada quando o Fernando de Barros e o Celi me pediram para levar o roteiro para a família do Zequinha de Abreu dar uma autorização. Eram sete filhos, diziam que não sabiam do que se tratava, na primeira reunião faltou um dos filhos, tive que interpretar o roteiro inteiro, disseram que faltava a aprovação desse irmão que havia faltado, e me cozinhavam e nós filmando. Percebi que o negócio era grana e, de fato, eles me pediram 200 mil cruzeiros. Levei a questão para o Dr. Franco Zampari, ele topou na hora, me mandou para o Guarujá para falar com o líder da família que estava lá, fui de táxi às 10 horas da noite, o sujeito reclamou e aí disse que tinham reconsiderado e queriam 400 mil cruzeiros pela autorização. Tivemos que pagar e até me agradeceram pela paciência nas negociações.

Appassionata

O filme também é de 1952 e contrariando o trabalho de cinema, o Fernando de Barros era ao mesmo tempo o diretor e o produtor do filme que tinha no elenco Tônia Carrero, Alberto Ruschel, Anselmo Duarte, Ziembinski, Abílio Pereira de Almeida. Eu estava como diretor de produção - até então eu era assistente, praticamente um executivo das ordens do Fernando, um cara legal, simpático, ativo, pé-de-boi, mas, às vezes, nos desentendíamos. Desenvolvemos a filmagem, não foi fácil, eu uma vez precisava de um determinado objeto, fui em um antiquário e como queriam dinheiro na hora, tive que correr no Nick Bar pra arrecadar a grana, porque começaram a segurar dinheiro. Numa outra ocasião, chego de manhã nos estúdios de São Bernardo e me aparecem com um calhamaço de objetos que precisavam para filmar aquela noite.

Com Abílio Pereira de Almeida, em Apassionata

Peguei a lista, examinei com meu assistente, corremos, chegamos com tudo e aí o Dr. Franco Zampari, todo sem jeito, me disse que o cenário não tinha ficado pronto. Berrei, disse que era uma brincadeira o que faziam. No final da filmagem, recolhemos tudo, tínhamos dois biombos valiosos e, quando fomos devolver, só restava um. Fiquei apavorado, era um material caro, enfim, me cobraram o preço contratado.

Aí, o Dr. Franco Zampari havia contratado um novo produtor geral que mandou descontar esse biombo do meu ordenado. Um jornalista da época, o Mattos Pacheco, fez uma matéria no jornal a meu favor, com uma caricatura minha vendendo lápis para pagar a conta. O Dr. Franco Zampari viu e mandou me devolver o dinheiro – eu tinha dele uma consideração muito grande. Terminamos o filme a duras penas.

Em Appassionata, fiz um pequeno papel, o de secretário do delegado, que era o Abílio Pereira de Almeida, e criei, também, talvez pela primeira vez, o merchandising no cinema - contratei com a Cinzano um luminoso do lado de fora do escritório, mas nunca vi esse dinheiro. John Herbert começou sua carreira no filme, como figurante, porque eu coloquei um cartaz na faculdade dizendo que pagava cachê pra quem tivesse *smoking* e quisesse participar de uma cena no Teatro Municipal. Foi lá que ele conheceu a Eva Wilma que fazia parte do Corpo de Baile do Municipal.

Precisávamos de um casarão na Av. Paulista para as cenas mais terríveis do filme, quando o rabecão ia buscar o cadáver do falecido, que havia se enforcado, e chegavam os bombeiros, a polícia. O Teddy Salem, o Tedinho, um rapaz muito gentil e simpático, ofereceu a casa dele. Marcamos a filmagem para um domingo, fomos bem cedo, trabalhamos bastante quando, à noitinha, chegam os pais dele do Guarujá e vêem aquela balbúrdia. Aí entendi: o filho tinha cedido a casa sem falar nada para os pais, que foram avisados por algum vizinho da movimentação. Terminamos rapidamente as filmagens e nos mandamos. Eles ficaram quebrando o pau em árabe.

O Cangaceiro

É de 1953. Eu vinha trabalhando de assistente de produção quando o Dr. Franco Zampari me designou para dirigir a produção de *O Cangaceiro*, a ser dirigido pelo Lima Barreto. Eu não tinha prática de direção de produção, o Dr. Franco Zampari insistiu e aceitei, mas quando começamos a trabalhar juntos, não deu certo, eu me desentendi com o Lima durante uma cena e o Dr. Franco Zampari achou por bem me tirar do filme e me colocar como diretor de produção de *Appassionata*. Em uma ocasião, levei ao Lima Barreto uma foto da Hebe Camargo para fazer o papel da Maria Bonita, mas ele recusou. Passam-se uns dias, ele pega uma outra foto e diz: – *Esta é que devia ser a atriz* – e era a Hebe. Ele era uma pessoa muito difícil no trabalho, mas nos dávamos bem fora do estúdio. Bebia muito, bebia errado. Uma ocasião, no Nick Bar, fui procurado por um cara que estudava cinema e que queria entrar na equipe. Era o Walter Hugo Khoury que eu consegui que fosse assistente de direção do Lima Barreto. Ficou por apenas um mês, agradeceu e deixou a equipe alegando que, na verdade, estava fazendo ali trabalho de auxiliar de escritório, não de assistente. No elenco, Alberto Ruschel, Marisa Prado, em um de seus melhores trabalhos, Vanja Orico, Milton Ribeiro e Neusa Veras.

Esquina da Ilusão

Com roteiro e a direção de Ruggero Jacobbi, que escreveu um papel especial para mim, o de um industrial, quando eu estava mais ou menos em férias, em 1952. Alberto Ruschel, Ilka Soares, Luiz Calderaro no papel principal, Josef Guerreiro, o Rubens de Falco assinando como Rubens Costa, Nicette Bruno, Dina Lisboa e Adoniram Barbosa.

Em Esquina da Ilusão

Família Lero-Lero

É de 1953/54, com o estupendo Walter D'Ávila, extraído de uma comédia do Raimundo Magalhães e dirigido pelo Alberto Pieralisi. Trabalhei fazendo o gerente de um hotel.

Uma Pulga na Balança

Um dos mais importantes e bem bolados filmes da Vera Cruz, entre 52 e 53, o argumento era do Fábio Carpi e a idéia do título foi minha, tirado daquela brincadeira de criança: Uma pulga na balança deu um pulo e foi à França. A direção foi do Luciano Salce, um diretor importantíssimo, que era da turma do Adolfo Celi, em Roma. No elenco estavam Gilda Néri, Waldemar Wey, Paulo Autran, Mário Sérgio, Maurício Barroso, Lola Brah, Ruy Affonso, John Herbert e o ex-campeão mundial de boxe, peso-pesado, Hermínio Spalla, que fez também um papel terrível em *Luz Apagada*. Não trabalhei nem como ator nem como técnico.

Sinhá Moça

Fiz uma participação pequena, como membro da

sociedade local, estou na cena dos conspiradores. Filmamos numa casa da Av. Morumbi, que hoje é a Casa da Fazenda – no começo do filme, o Anselmo Duarte e a Eliane Lage, cada um em uma charrete, fazem uma corrida na estrada que era de terra. Quando o Tom Payne foi chamado pelo Dr. Franco Zampari para dirigir o filme, os dois mal se entendiam, um falando inglês, o outro italiano, tanto que o Tom pegou o roteiro, foi para casa e disse para a Eliane Lage, com quem era casado, que tinha sido encarregado de fazer um filme chamado *Sinomose*. Ela estranhou, disse que era nome de doença de cachorro e quando pegou o roteiro é que viu que o filme chamava-se *Sinhá Moça*. No elenco estavam a Ruth de Souza, que perdeu um prêmio internacional para Lilli Palmer. Tinha no elenco, ainda, Anselmo Duarte, Alberto Ruschel e Marina Freire.

É Proibido Beijar

De 1954, com direção do Ugo Lombardi, o pai da Bruna Lombardi. Com Mário Sérgio, Tônia Carrero, Ziembinski, Otelo Zeloni, Vicente Leporace, Vitor Merinow.

Com Eliane Lage e Marina Freire, em Sinhá Moça

Floradas na Serra

O filme foi tirado do livro da Dinah Silveira de Queiroz, o roteiro era do Fábio Carpi. Foi rodado em Campos do Jordão. Tive um envolvimento pequeno com o filme, apenas uma cena no final, ao lado do Jardel Filho, em um trem – ele saía do sanatório curado enquanto a Cacilda Becker era levada de ambulância em estado grave. Na época, 1953-54, eu já estava no Rio, no TBC - vim passar uns dias em São Paulo e o diretor, Luciano Salce, me pediu para fazer a cena.

No elenco, Miro Cerni e a namorada, Silvia Fernanda, Ilka Soares, Gilda Nery, John Herbert, Célia Helena, Jaime Barcelos, Rubens Costa, que depois adotaria o sobrenome de Falco. José Mauro de Vasconcelos, já escritor - tinha escrito *Meu Pé de Laranja Lima* - atuava no filme. Era uma figura ímpar, maravilhosa, tinha uns mistérios na vida dele que não contava, nos encontrávamos na casa da Inezita Barroso, bons papos, boas noitadas.

Na Senda do Crime

Foi o último filme da Vera Cruz, em 1954, com argumento, roteiro e direção do Flamínio Bollini Cerri. Fiz o papel de barbeiro, pra variar. E tinha o Miro Cerni, que achavam que era de origem italiana, mas era de família iugoslava, o nome correto dele era Miro Cernigoy, Cleyde Yaconis, Silvia Fernanda, Josef Guerreiro, Marly Bueno, até hoje maravilhosa, trabalhando, Pedro Petersen, ou Pedro Bial Petersen, que era o pai do Pedro Bial, Vicente Leporace.

Em Na Senda do Crime, *com Miro Cerni e outros*

Entrei na Vera Cruz em 50 e só saí quando a Companhia fechou, em 54. Então, fui acompanhar a montagem do TBC carioca e comecei a trabalhar no Rio. É difícil analisar o que acontecia na Vera Cruz, eu queria era fazer, produzir, estava imbuído desse sentimento de que devia fazer tudo para que as filmagens andassem. Uma vez me enchi, fiz uma greve sozinho, porque achava que estava tudo errado de ponta a ponta. Me assustei em parte quando a Vera Cruz fechou. Houve muitas injunções, muitas coisas erradas, falta de orientação, conhecimento, administração. Imagina que contrataram duas firmas americanas produtoras de cinema – a Columbia Pictures e a Universal - para distribuírem os filmes da Vera Cruz no mundo. Constatamos que na época da exibição de *Appassionata*, houve troca de rolos para derrubar mesmo. Não havia controle de bilheteria e o governo brasileiro dava um acréscimo para cada ingresso vendido de filme estrangeiro e não subsidiava o nosso. Como não havia controle, era fácil burlar, uma série de falcatruas que se sucederam.

Em 1983, o Ivan Negro Isola, do MIS, me pediu que gravasse uma série de depoimentos sobre os italianos que haviam trabalhado na Vera Cruz para mandar para o prefeito de Roma. Chamei diversas pessoas, gravei o material, entreguei. Mais tarde, durante um congresso, recebi um recado da filha da Ruth Escobar de que o Ivan Negro Ísola queria falar comigo. Ele havia recebido uma quantidade enorme de material da Vera Cruz – negativos, fotos, álbuns - que estava em poder do Walter Hugo e do William Khoury – eles haviam ficado detentores da Vera Cruz – e esse material iconográfico precisava ser trabalhado. Fiquei feliz com o convite, era minha vida que estava ali. Desde 1983 sou contratado da Secretaria Estadual da Cultura para cuidar do acervo da Vera Cruz - deveria ser efetivado por *notório saber*. Comecei sem ganhar nada para entrar de cara nesse meu passado majestoso e comecei com uma museóloga, Heloisa Raposo, até 1987. Foi o Sérgio Motta, com quem eu tinha ligação por causa da campanha do Fernando Henrique Cardoso para senador, que conseguiu uma verba para o Projeto Vera Cruz.

Capítulo VIII

Meio Século de Teatro

Quando deixei o TBC, ainda no Rio, fui convidado por Armando Couto e Ludy Veloso, que tinham uma companhia, para fazer uma peça do Millôr Fernandes chamada *Do Tamanho de Um Defunto*, que me deu muita satisfação, a não ser no último espetáculo da temporada, o enterro da peça, um vexame porque me deram um porre, eu mal conseguia representar. Na platéia estava uma crítica francesa que vendo aquele horror nem escreveu nada a respeito. O título foi tirado de um poema do Paulo Mendes Campos que diz: – *Estamos ficando grandes, do tamanho de um defunto* - é a maior altura a que chega uma pessoa. O espetáculo era formado de duas peças de um ato – a outra era *Diálogo da Mais Perfeita Compreensão Conjugal*. Depois, ainda do Millôr, montamos *Bonito Como um Deus* e apresentamos essas três peças também em São Paulo.

Quando o Fábio Sabag resolveu montar *Pif Tac Zig Pong* em cima de um material do Millôr Fernandes, me chamou, eu abria com um monólogo que dizia: – *Eu, graças a Deus, sou ateu.* Nessa peça, havia um quadro baseado na fábula de Esopo – *A Raposa e o Bode*. O Millôr Fernandes pegou essa fábula e colocou na linguagem do tempo em que os animais falavam – fiz um adendo: – *Hoje em dia alguns até escrevem* – então, virou: *Fopo de Esábula – A Paposa e o Rode*...

Rio, anos 50 - Restaurante Jangadeiro, com Aldary Toledo (óculos escuros), Carlos Thiré, Ivan Lessa, Fred Aquino e Fernando Louro

Em 1959, formou-se no Rio o Teatro dos Sete (Sérgio Brito, Ítalo Rossi, Gianni Ratto, Fernanda Montenegro, Fernando Torres e a mulher e Alfredo Souto de Almeida) e fui convidado para integrar o elenco de *O Mambembe*, do Arthur de Azevedo, musical em comemoração aos 50 anos do Teatro Municipal. Foi uma montagem histórica, muito premiada, em que eu fazia o Coronel Pantaleão – recebi por esse trabalho o prêmio de Melhor Ator do Ano do Governo do Estado do Rio de Janeiro, Distrito Federal na época.

Em O Mambembe, *com Fernanda Montenegro*

ESTADO DA GUANABARA

SECRETARIA GERAL DE EDUCAÇÃO E CULTURA

DIPLOMA

Confere a Renato Consorte pelo desempenho em "O Mambembe" o Prêmio de melhor ator cômico, de ~~, de 1959 de acôrdo com a Lei n.º 697, de 20 de maio de 1952.

Rio de Janeiro, de setembro de 1960

Governador

Secretário Geral de Educação e Cultura

No TBC, eu era dirigido por diretores estrangeiros, que tinham uma linha de conduta meio rígida, me sentia um pouco limitado na interpretação. Quando fui convidado pelo Gianni Ratto para fazer aquele coronel velho do interior do Rio de Janeiro, ele me deu plena liberdade de composição. Foi surgindo, então, um personagem valioso, tanto que fui premiado – o Gianni Ratto considerou essa interpretação antológica, escreveu isso em um de seus livros.

O momento marcante dessa ocasião foi que meu filho estava para nascer e antes de ir para o teatro, na maternidade, me avisaram que minha mulher teria de fazer uma cesariana. Saí dali abilolado, zonzo, e no Teatro Copacabana me encontrei com dois atores com quem eu dividia o camarim, um novato que chamavam de Dom José Cavaca, jornalista muito inteligente, engraçado, simpático, estreante, e um ator da velha guarda, o Benito Rodrigues. Comecei a me aprontar quieto, preocupado, e quando o Cavaca, arguto, me fez abrir o jogo, a notícia correu pelo elenco. O Fernando Torres foi então para a maternidade e quando voltou, me fez da coxia um sinal de que a criança tinha nascido. Em um dueto com a Fernanda Montenegro, alterei a letra da música para anunciar que era pai de um filho - a Fernanda Montenegro e o Fernando Torres são os padrinhos dele. O Renato Luís nasceu prematuro, ficou internado um bom tempo, mas se recuperou e foi uma criança muito serelepe. Recentemente, no Rio, me lembrei que o perdemos na praia, ele saiu andando, se eu não o encontrasse estaria andando até hoje, deu um desespero, pulei na água.

Ainda com o Teatro dos Sete trabalhei em *O Cristo Proclamado*, um fracasso total, tanto que montamos às pressas uma peça do Feydeau chamada *Com a Pulga Atrás da Orelha* que fez um sucesso enorme, e ensaiamos uma peça do Nelson Rodrigues, *O Beijo no Asfalto*, Gianni Ratto sempre como cenógrafo e figurinista – Francisco Cuoco estava começando no teatro. Tínhamos uma cena muito forte em *Beijo no Asfalto*, que se passava em uma delegacia, muita gente saía do teatro e o Nelson Rodrigues ficava no saguão perguntando porque as pessoas estavam indo embora... Nessa fase de ensaios, quem aparecia era o Dias Gomes, insistindo para mostrar uma nova peça chamada *O Pagador de Promessas* que a companhia não quis montar. Com eles fiz ainda *A Profissão da Senhora Warren* e me despedi com o Festival de Comédias atuando em *O Velho Ciumento, O Médico Volante* e *Ciúmes de um Pedestre*. Quando fui chamado para renovar o contrato, não aceitei, estava meio chateado com a companhia. Uma ocasião nos reunimos para estudar soluções porque a bilheteria estava baixa e reclamei que eles não divulgavam os nomes dos demais atores, afinal, nós tínhamos um nome

Em A Profissão... *com Fernanda Montenegro*

no Rio de Janeiro, eu fazia sucesso na televisão, foi uma situação desagradável. Eu sou sempre desagradável porque falo as coisas. Não tenho essa vaidade de ser protagonista, aliás, nunca me preocupei, não depende da gente.

No Rio de Janeiro, quando ensaiava *Toda Donzela Tem Um Pai Que é Uma Fera*, com Daniel Filho, Joana Fomm e Renata Fronzi - me indispus com o diretor durante um ensaio e fui embora, o Daniel Filho tentou me convencer a voltar, mas não havia mais condição - vieram me perguntar onde eu queria colocar meu nome; respondi que colocassem aonde achassem melhor, nunca briguei por isso... A não ser que você monte seu próprio trabalho, produza, como os nossos atores que são empresários que escolhem os papéis que os façam sobressair, arranjam as verbas, dão as entrevistas, se divulgam. Aí, outros fazem papéis menores e os engolem.

Geralmente sou convidado para determinados papéis. Quando o Marcos Caruso e a Jandira Martini me chamaram para fazer um personagem em *Sua Excelência, O Candidato*, preferi um outro mais politizado, o do chefe do partido, que tinha como modelo diversos políticos por aí afora, me cabia melhor esse papel e meu desempenho foi bom. Na temporada desse espetáculo, que fez um enorme sucesso, recebíamos muitos políticos em campanha que iam lá fazer sua média. O Mário Covas, essa figura extraordinária, era tão digno que não apareceu no teatro enquanto candidato a senador, só foi ver a peça depois de eleito.

Renato e esposa Josi, com Mário Covas e Marcos Mendonça

Eu então fiz questão de prestar uma homenagem a ele, dizer ao público que esse digníssimo nosso representante do Senado, Mário Covas, eleito com a maior votação do Brasil, estava na platéia.

Logo depois do meu acidente, eu já estava na TV Globo, chegaram uns americanos com uma parafernália toda para montar *Música Divina Música* (*The Sound of Music*), baseado no filme A Noviça Rebelde, tinha até orquestra ao vivo. Fiz o tio Max, que era ligado à família Trapp, e logo que entrei em cena a platéia me aplaudiu. Como eu tinha feito aos 4 anos, saí do palco, voltei e recomecei. O diretor, um americano, me deu uma bronca...

Em 68, fui trabalhar numa produção do Teatro de Arena, *1ª Feira Paulista de Opinião*, montada no Teatro Ruth Escobar, com seis peças escritas por Lauro César Muniz, Gianfrancesco Guarnieri, Augusto Boal, Jorge Andrade, Bráulio Pedroso e Plínio Marcos. No episódio do Plínio, *Verde Que Te Quero Verde*, éramos uns gorilas em cena e eu fazia o papel de censor, vestindo uniforme de general-de-exército e capacete, uma porção de textos em cima da mesa, um lápis enorme, era só palavrão... Em dado momento, eu, de gorila, olhava para os cantos, tirava o uniforme e fazia do capacete penico – colocava ali dentro uns bombons grandes e jogava na platéia, o pessoal não queria nem ver o que era.

Eram os Anos de Chumbo e estávamos nos preparando para mais uma sessão quando o CCC – Comando de Caça aos Comunistas que chamávamos CoCaCola – invadiu a sala acima da nossa e massacrou os atores que estavam fazendo *Roda Viva*, do José Celso Martinez Corrêa, um ataque de guerra porque em poucos minutos fizeram miséria - o Boal, inclusive, avisou a nossa platéia do que estava acontecendo. Quando fiquei sabendo que tinham raspado a cabeça do Gil e do Caetano, fui à platéia denunciar o fato – a técnica cortou meu microfone. Numa das cenas, eu fazia uma imitação do Chacrinha dizendo: – *Esse programa é patrocinado pelo estrume CCC*. O público exultava, era uma forma de eu criticar, de desmoralizar. Isso eu fazia e faço muito.

Uma tarde, depois de uma matinê, o pessoal do CCC jogou no teatro umas pílulas de gás *lacrimogênito*, como dizia o delegado, e tivemos de suspender o espetáculo da noite. Para nos defendermos de novos ataques, tiramos as escadas laterais do palco e cobrimos esses buracos com lona, como uma armadilha – caso eles quisessem subir no palco, cairiam lá. Estávamos no camarim quando ouvimos na sala o barulho de alguém caindo. Corremos e vimos no buraco, com um pacote de pipoca na mão, o Carlos Fernando de Azevedo Sá, meu colega da Caravana Artística, que tinha ido ao teatro me participar que faríamos um espetáculo no Palácio do Governo, no último 11 de Agosto, do Governador Abreu Sodré.

No Arena, trabalhávamos como coringas, interpretando vários papéis, e o método de trabalho do Augusto Boal era excelente. O que eu tinha conseguido de liberdade de atuação com o Gianni Ratto aumentou ainda mais com o Boal, tivemos muito entendimento, muita troca de idéias. Ele é habilidoso, estudioso, entende tudo de teatro, sabe transmitir instruções para um ator, o que é o mais difícil e o mais importante para um diretor, transmitir a idéia, o conceito, o conteúdo, a razão das atitudes, das palavras, esse poder o Boal tinha, é um excelente diretor até hoje. Só não conseguiu fazer atuar bem o Jairo Arco e Flexa que era muito ruim mesmo e que caiu fora de *Arena Conta Tiradentes* bem na véspera da estréia, o Guarnieri ficou puto da vida, deu um pontapé num banquinho que voou longe - esse sujeito virou crítico de teatro depois. Se *Arena Conta Tiradentes* foi um sucesso, o mesmo não se pode dizer de *Mac Bird*, baseado no Macbeth de Shakespeare, escrito por uma jornalista americana, uma caricatura, uma crítica da política norte-americana com resultado muito ruim.

Com *Arena Conta Zumbi* nos apresentamos na Broadway, aquelas cantorias, o texto muito forte, e seguimos para Chapaqua e outras cidades dos Estados Unidos. Depois fomos para a Cidade do México, um sacrifício danado porque faltava ar - tínhamos na coxia uns tubos de oxigênio. Cada cidade que íamos não havia ninguém, só uns mexicanos de uns 300 quilos em teatros enormes. Fizemos sucesso apenas em Guadalajara e em uma cidade chamada Guanajuato, que abrigava muitos estudantes universitários. Aí, eu e o Téo de Barros fomos visitar um depósito de cadáveres ainda insepultos, perfeitos, com roupa, cabelo, a terra ainda conserva, umas coisas horríveis. Seguimos então para Monterey, na fronteira com os Estados Unidos, e daí direto para Nova York, para o Shakespeare Theatre, no Village, onde fizemos também *Arena Conta Bolívar* intercalando com o *Zumbi* que apresentamos também no Peru antes de regressar ao Brasil.

Quando o Teatro de Arena foi convidado para ir para os Estados Unidos, o Maluf era prefeito e tinha como secretário o José Luis de Anhaia Melo, meu contemporâneo da faculdade que chegou a ser presidente da Caravana Artística. Como nosso grupo não tinha grana para fazer a Broadway, fui ao Anhaia pedir uma verba da Prefeitura para ajudar na viagem. O Maluf disse que não daria dinheiro para comunista, ele achava que todo o Teatro de Arena era comunista. Na verdade, o que queríamos era o bem-estar do povo, lutávamos pela liberdade, contra a ditadura.

O Teatro de Arena está festejando seus cinqüenta anos de existência com um projeto para o qual estão sendo convidados a participar e dar depoimentos várias pessoas que trabalharam com eles. Dei ao grupo responsável por esse projeto a sugestão do espetáculo *Arena Conta e Canta Paulo Vanzolini*, onde posso dizer meus monólogos; meu filho, minha nora e meu neto fariam a parte musical. O pessoal gostou da idéia, vai estudar quando seria a montagem.

Em 31 de janeiro de 1969, quando o Gama e Silva já tinha assinado o Ato Institucional Nº 5, recebo um telefonema - meu pessoal tinha ido para a praia, era meu aniversário de casamento, eu iria em seguida. O cara dizia que era do Rio, tinha um recado pra mim, queria dar pessoalmente, logo percebi que eram os militares e então chamei pra virem pra minha casa.

Indiquei o caminho, mas peguei meu carro e parei na esquina para evitar que entrassem e pegassem os livros que nós tínhamos, inclusive de gorilas, porque a minha mulher é antropóloga.

Eram dois rapazes e me disseram que eu estava preso. Consegui pedir ao meu vizinho, Jaime, fotógrafo, que avisasse minha família. Chegou um jipão com doze caras que me levaram para o Rec-Mec – Serviço de Reconhecimento Mecanizado. Um dos soldados disse que havia me visto em cena, fardado e de coturno. Aí perguntei: – *E o senhor, gostou?* Ele ia rir, mas disse que não tinha gostado, não. Fiquei um dia, um dia e meio preso.

Sempre fiz política, lutei pela liberdade de expressão, pela abertura do campo de trabalho para os atores, pela anistia, pelo direito de voto. Combati a ditadura, o regime militar. Quando o Ministro da Justiça era o Armando Falcão, dei um depoimento muito forte sobre esses temas a um jornalista, ele deu ao meu desabafo uma página inteira de jornal. Eu dizia que a censura existia pra esconder falcatruas, corrupção, e resolvi fazer greve, não voltaria a fazer teatro enquanto houvesse censura.

Na época da repressão, eu aproveitava o teatro para fazer política. Quando o Coronel Erasmo Dias atacou a PUC, eu fazia *Os Saltimbancos* no Tuca – aliás, fui o único ator do mundo que fez duas peças do mesmo autor, o Chico Buarque, no mesmo dia, porque entrava em *Gota D'Água* à noite. Meu papel era o do jumento, então, eu disse em cena: – *Eu sou um jumento. Meu tio era asno dias atrás* – provocando o Erasmo Dias. O governo era do João Figueiredo, eu dizia: – *Com os eqüinos, agora, nós não subimos escada, subimos rampa*. A censura me chamou no ato.

Fui expulso do meu clube, o Açaí, porque durante uma festa, o então presidente foi ao microfone para prestar uma homenagem ao vice-governador eleito José Maria Marin – ali presente. Eu achei um absurdo, pedi a palavra e perguntei à platéia se alguém tinha votado no Marin, porque ele não havia sido eleito, mas sim nomeado. Foi um tumulto no clube.

Já pleiteei a posição de sócio honorário do Açaí e não me deram não, houve gente que não fez nada pelo clube e é sócio honorário, as injustiças da vida.

Fui ligado ao Sindicato dos Metalúrgicos e fiz campanhas ao lado do Lula. Foi durante um comício em frente da Catedral de São Bernardo que a atriz e bailarina Marilena Ansaldi teve um descontrole nervoso por causa de um helicóptero dos militares que sobrevoava as nossas cabeças – felizmente, me atenderam quando eu fiz ver ao comandante que a manobra era perigosa, mas tive que levar a Marilena Ansaldi para a redação de um jornal próximo para acalmá-la.

Me engajei na campanha de Franco Montoro para governador, ele era candidato pelo PMDB e nosso slogan era: *PMDB de Ponta a Ponta*. Aí, fui dar uma entrevista no SBT, no programa do Jota Silvestre, e quando vi que ele ia me dispensar, pedi permissão para mais uma frase e soltei o slogan. Cortaram, mas como o programa era ao vivo e eu já tinha dado o recado – parece que o Jota Silvestre foi mandado embora da emissora por causa disso. Fui chamado pela Polícia Federal, acusado de fazer campanha em período impróprio, mas aleguei que não tinha pedido voto e então me dispensaram... Fui participar de um outro programa na TV Record, me recomendaram muito que não fizesse campanha, também era ao vivo, então fiz o meu discurso e no final disse: – *Gente, amanhã é o dia da votação, você que me ouve, quando votar, seja franco, seja franco no seu voto...* O nome do Franco Montoro foi pro ar, com essas bravatas.

No Sindicato dos Atores Teatrais, Cenógrafos e Cenotécnicos no Estado de São Paulo briguei muito, principalmente com o Francisco Colman que, quando presidente, roubou a Casa do Ator que nós mantínhamos – fez tantas e más que ficou com a casa e ainda comprou em frente dois sobrados. Ele alegava que os atores terminavam a carreira muito bem de vida e não precisavam de ajuda; portanto, havia reservado apenas um quartinho para quem precisasse.

Sempre faço alguns canalhas no teatro e com Creonte não foi diferente. Embora tenha feito muito sucesso, *Gota D'Água* foi uma peça complicada, a Bibi Ferreira estava num momento difícil com o Paulo Pontes, na temporada do Rio um bailarino matou outro, houve um principio de incêndio na platéia, o ambiente era carregado. No Rio, o Creonte havia sido feito pelo Oswaldo Loureiro, que cantava uma música - em São Paulo, o Gianni Ratto não me pediu isso, a Bibi até estranhou.

Durante a temporada, comecei a ter uns brancos em cena, nunca tinha me acontecido isso, o Francisco Milani tinha de soprar umas falas minhas, até que um dia me deu branco total, fiquei desmemoriado, tivemos de parar o espetáculo. Também tivemos problemas com os três sócios que ganhavam muito, mas não davam aumento para o elenco, então pedi para sair. Fui substituído e logo depois me pediram para voltar, eu não quis. O elenco teve que entrar em férias. Há pouco tempo sugeri à Bibi Ferreira que fizesse um filme desse texto.

Depois da experiência no Arena, fui convidado pelo Celso Nunes, excelente diretor, que conhece sobejamente seu ofício, para entrar em um grupo que apresentaria duas peças no Teatro São Pedro – *Uma Longa Noite de Cristal*, do Oduvaldo Viana Filho, com Abrão Farc e Zanoni Ferrite, e *O Interrogatório*, do Peter Weiss. Quando o Celso Nunes marcou o primeiro ensaio para as 8 horas da manhã, eu assustei, ele estava trazendo para o Brasil uns ensinamentos que havia adquirido no Exterior em um curso com Grotowski e antes dos ensaios fazíamos exercícios físicos. Era um time muito bom - Fernando Torres, Lineu Dias, Jandira Martini e Regina Braga, que era a mulher do Celso Nunes e que despontou com essa peça. Aliás, o filho deles, Gabriel Braga Nunes, também é uma beleza de ator.

O Interrogatório, originalmente apresentada na Alemanha, era uma peça com duração de quatro horas e que mostrava o interrogatório de vinte e pouco nazistas que haviam atuado em campos de concentração.

Durante a leitura, começamos a reduzir o espetáculo para duas horas, com depoimentos de dezoito nazistas, feitos por vários atores, até que o Celso resolveu que eu assumiria os dezoito nazistas. Foi terrível, o cenário era escuro, lúgubre, uma música judaica muito bonita, eu ficava em uma cadeira giratória prestando os depoimentos sem recursos de maquiagem. A peça foi um sucesso, mas era forte demais, um trabalho intenso, eu saía de lá traumatizado, nervoso.

Barão da Cotia eu fiz em 1974, a convite do Osmar Rodrigues Cruz, excelente figura a quem o teatro brasileiro deve muito porque criou o Teatro do Sesi e continua na ativa, graças a Deus, um diretor extraordinário, muito sensível, muito engraçado. Pedi substituição quando vi que não viajaríamos com a peça, como inicialmente previsto.

Em 1976, fiz *Mahagony*, do Peter Weiss, sob a direção do Ademar Guerra, que eu ainda não conhecia, ao lado de Renato Borghi e Esther Góes, e logo em seguida fui convidado pelo Paulo Autran para fazer *Seis Personagens à Procura de Um Autor*, um time maravilhoso no elenco, inclusive minha filha Adriana, que fez um pouco de teatro experimental - ela está casada com o Robert McCrea, diretor de teatro, que durante uma temporada no Brasil chegou a montar *A Falecida*, do Nelson Rodrigues, um espetáculo magnífico, e também *Macbeth* com o Teatro Fábrica.

Em 80, eu e o Guarnieri, entre outros atores, fizemos uma leitura de *A Vaca no Sofá*, do Ivan Negro Isola, que me trouxe para o MIS, e logo em seguida emendei com *Anti-Nelson Rodrigues*, direção do Paulo Betti, magnífico, mas o grupo não entendia muito de teatro, era mal-informado – mesmo assim fui indicado para o Prêmio Mambembe de melhor ator.

Nesse mesmo ano, fui convidado pelo Plínio Marcos para um trabalho de co-direção da peça *Barrela*, que estava proibida pela censura por mais de vinte anos.

Montamos assim mesmo, ensaiando às escondidas no TBC, a polícia e o Exército de olho em nós, saíamos pelos fundos, vendemos ingressos só para pessoas conhecidas – na estréia, anunciei que tínhamos feito o espetáculo como desobediência civil. Depois a peça foi liberada, levamos para o Teatro do Bom Retiro, meio caveira de burro, mas mesmo assim conseguimos fazer uma temporada. Trabalhei ao lado do Francisco Milani, do Thanah Corrêa, do João Acaiabe.

O prazer do teatro está no fato de que você ensaia durante três meses e tem um trabalho lento, continuado, que não cessa na estréia, eu saio do espetáculo cogitando o que posso fazer pra melhorar a interpretação, o espetáculo, por meio do tom de voz, de uma pausa. Sempre fui de improvisar muito, atualizar, fazia comentários sobre a ditadura, sobre políticos - Maluf era meu prato preferido. Procuro registrar uma mensagem, uso de tudo para melhorar o espetáculo, fazer o público rir. É por isso que crio muitos cacos nas peças, mas sempre em beneficio do espetáculo, para divertir o espectador – em geral, previno meus colegas para não pegar de surpresa. Quando interpretei o Zeca de *Peguei um Ita no Norte*, um musical escrito por Haroldo Barbosa e Dorival Caymmi, o João Valentão, que era feito pelo José de Arimatéia, brigava comigo usando um modo nordestino de falar, o *visse*.... Quando ganhamos o Campeonato Mundial de Futebol, eu falei: – *Vice não, essa vez fomos campeões*. Nas duas peças do Marcos Caruso e da Jandira Martini que foram um sucesso – *Sua Excelência, O Candidato* e *Porca Miséria*, que ficou sete anos e meio em cartaz – o Caruso e a Jandira ficavam putos comigo, queriam que eu respeitasse o texto...

Eu havia trabalhado com o Ugo Giorgetti em dois comerciais quando li no jornal que ele estava montando um espetáculo com o Rei da Boca do Lixo, o Quinzinho, Joaquim Pereira da Costa. O Quinzinho foi praticamente dono da Penitenciária, ficou 16 anos preso, entrava e saía, quando a coisa aqui fora estava ruim, inventava qualquer coisa para ser preso de novo. Ele dizia que nunca tinha matado ninguém, que tinha ajudado muita gente, uma vez ficou muito aborrecido porque quando chegou no apartamento dele, a mulher estava no sofá com um outro homem - ele então mandou vender o sofá. Quando li a notícia sobre o espetáculo, pensei que me agradaria muito fazer. Numa coincidência, o Ugo me ligou convidando e fizemos *Humor Bandido*, na base do bate-papo, ele me dava uns temas e eu conversava com o Quinzinho, que bebia muito e puxava um fumo antes de entrar em cena.

Nos demos bem, eu e ele, o Quinzinho era uma simpatia, tinha uma gesticulação encantadora, se considerava o anti-herói, foi uma experiência maravilhosa. De vez em quando na platéia estavam uns delegados que já tinham prendido o Quinzinho e também uns marginais famosos, e ele se sentia um artista. Uma vez fui ao apartamento dele na Barão de Limeira, num prédio que era um prostíbulo vertical, as meninas ficavam na escadaria e os fregueses subiam e desciam escolhendo as meninas, era terrível.

Conheço Nicette Bruno e Paulo Goulart há muitos anos, sempre nos relacionamos bem. Meu primeiro trabalho com eles foi em 54, no Teatro Íntimo, na peça *Improviso*. Em 74, voltamos a atuar juntos em *O Prisioneiro da Segunda Avenida*, com a Nonoca, Eleonor Bruno, mãe de Nicette, aquela gracinha, direção do Abujamra. E depois fizemos uma novela na TV Tupi, *Papai Coração*, eu era um padre meio porra louca, briguento.

No final de 2003, acabei estreando com eles *Sábado, Domingo e Segunda*, do Eduardo De Fillippo, no papel do avô. Na temporada carioca, uma senhora italiana que trabalhou na equipe do Eduardo De Fillippo ficou encantada com o tom napolitano que dou ao velho, elogiou as palavras que incluí e que conheço, ela achava o som perfeito. Como sou muito ligado à musica e gosto muito da música napolitana, entendo bem de sotaques, já fiz português, judeu, russo – nos Estados Unidos, me ofereceram uma ocasião um uísque americano que eu detestei, me diziam que a bebida era do Kentucky.

Incorporei o sotaque inglês e acabei fazendo um trocadilho: – *I canttalk about that whisky.*

Nós atores temos uma sensibilidade extra que faz com que a gente se encaixe no personagem através das leituras, da troca de idéias, sugestões, lembranças e memórias. Então, não sou eu que estou lá. Em *Sábado, Domingo e Segunda*, incorporo o papel e me sinto um velho mentalmente debilitado, uso certos tons que não diria nunca, mas quando saio de cena volto ao normal, não tenho essa de sair de cena com o personagem...

Capítulo IX

O Acidente

Em 1956, recém-saído do TBC, fui convidado pela Carla Civelli para trabalhar com a Dercy Gonçalves em uma adaptação de *A Dama das Camélias* – fizemos juntos quatro peças e nessa eu era um camelô americano que falava umas baboseiras e oferecia a ela o *estreptochiclete*, então, ela revivia e se salvava. A Dercy tem um gênio muito difícil e no começo foi engraçado, depois esquentou, ela usava o ponto e eu decorava, brigamos. Numa outra peça ela antipatizava com o velhinho que eu fazia e quando um refletor caiu em cima dela, foi o auge, ela ficou uma fúria.

O Aurimar Rocha, que era um gozador emérito e tinha uma coluna em um jornal, inventou uma história de que ela tinha ido ao psicanalista e dizia: – *Doutor, tem um ator que trabalha comigo, muito bom ator, muito simpático, muito gentil, mas eu tenho uma raiva dele...* O médico então perguntou: – *Ele lhe fez alguma coisa?* E ela: – *Não...* E ele: – *Quanto é que você paga pra ele?* E ela: – *Vinte mil cruzeiros por mês...* É que na época eu ganhava mais do que qualquer outro ator, quase que o dobro do normal...

Num outro espetáculo, eu era o Palimércio, o noivo dela, e fazia declarações de amor em alemão, francês, inglês, eu inventava sotaques e ela ria muito. Brigamos mais uma vez, fizemos as pazes no Gigetto da Nestor Pestana e fui substituir um ator na peça *A Senhora Presidenta*, que fez temporada inclusive no Rio.

Em 63, começamos a ensaiar uma nova peça e, num dia, ao ver que ia quebrar o pau com ela, eu disse que não faria mais, que queria voltar para o Rio, a Dercy ameaçou me processar por quebra de contrato, tinha complexo de rejeição. No dia seguinte, 3 de maio de 1963, embarquei em um avião em São Paulo e quase morri.

Era um bimotor da Cruzeiro do Sul, estava sobrecarregado, cheguei em cima da hora e sentei junto à janela, ao lado do Alex Urban, operador de câmera e iluminador que tinha acabado de filmar comigo. O aparelho levantou vôo e como eu estava na altura da asa, vi que o motor tinha pegado fogo. O avião pendeu para a esquerda e caiu, tinha acabado de decolar. Quando acordei, aquele pó de tijolo - batemos em uma casa, caímos em um terreno baldio - e muito fogo, fumaça. Eu estava ao lado da porta de emergência e fiz menção de sair, mas não consegui porque minha perna esquerda estava presa no banco da frente, com fratura exposta.

Consegui puxar a perna de qualquer jeito, pulei, andei sobre as duas pernas, não sei como, até que cheguei perto de uns fios elétricos que cercavam a minha passagem. Do outro lado estava um rapaz chamado Agnello Pussielo, que tentava prestar socorro, atrás de mim vinha o fogo, eu então enfrentei os fios, gritei que o Alex estava desmaiado – ele se recuperou do acidente, eu o encontrei em Nova York uma vez, na Rua 46 - então esse rapaz me pegou, me colocou no táxi de um japonês que nunca consegui identificar e os dois me levaram para o Hospital São Paulo, onde mandei chamar o Dr. Gelson Arantes, irmão do meu cunhado Ciro.

Na maca eu me sentia o rei do mundo porque estava vivo e consciente e isso pra mim foi a glória, mesmo tendo 60% do corpo queimado. Aí foram chegando minhas irmãs, meu irmão, que quando soube do meu acidente estava voltando de carro para o interior, queria vir a pé para São Paulo. Só quando consegui urinar é que os médicos consideraram que eu tinha chances de viver, era a salvação. Entrei desenganado, me deram a extrema-unção, eu entendia que era um cartão vermelho para ir embora quando descobri que era um reforço de oração que se dá para as pessoas reagirem. Imagina o que fizeram aqueles médicos, que eu tenho que citar: o Prof. Dr. Waldemar Carvalho Pinto Filho, chefe do Departamento de Ortopedia; o Dr. José Laredo, hoje vice-reitor da Faculdade Federal de Medicina; o Pedro Tucci, o Léo Kopstein, o Jorge Andrews, cirurgião plástico, e o Oswaldo Ramos. Corriam notícias de que eu havia perdido as pernas, inclusive meu *pingulim*, e a Dercy Gonçalves, quando foi me visitar, me descobriu para conferir tudo. Foi bom porque ela é quem acabou anunciando que estava tudo em ordem.

Um pouco antes do acidente, eu havia trabalhado na TV Rio, no programa *Noites de Gala*, fazendo dupla com o Walter D'Ávila num quadro chamado *Seu Obturado* – fiz o teste na casa do Geraldo Casé, pai da Regina, no mesmo dia da morte da Aida Curi. O programa fazia muito sucesso e era patrocinado pelas lojas *O Rei da Voz*, do Abrahão Medina. Quando hospitalizado, eis que me visita o Flávio Cavalcanti e me entrega um papel: era um contrato em branco mandado pelo Abrahão Medina para preencher como quisesse.

Fiquei hospitalizado por um ano e um mês e como morávamos no Rio, minha mulher ia e vinha. Uma noite, um dos médicos disse a ela: – *Josi, você está grávida*. Ela quase pulou a janela de vergonha. Em junho de 64, quando saí do hospital, nasceu minha filha Adriana.

O pior foi ter que agüentar a falta de respeito do pessoal ligado à aviação. Num programa da Silvia Poppovic da TV Bandeirantes, onde estavam presentes pilotos, eu contei do meu acidente, falando de como o avião estava ruim, que o próprio comandante Harry havia dito à esposa que, devido às circunstâncias, ao estado do avião, ele talvez não voltasse daquela viagem – minha mulher, Josi, ouviu isso da viúva do piloto, que morreu no acidente, em um dos encontros que foram realizados para providências várias, até o relações públicas da companhia ouviu isso. Um engraçadinho presente ao programa caçoou da minha colocação, dizendo que o comandante Harry poderia ter um encontro marcado, por isso havia dito à esposa que talvez não voltasse. Eu respondi que ele tinha sim, um encontro com São Pedro, tanto que morreu. Um outro piloto, gaiato, falou no programa que viajar de avião era um orgasmo. Eu respondi que ele deveria experimentar mulher e a Silvia Poppovic me chamou a atenção...

Capítulo X

A Era do Rádio e da Televisão

Rede Record

Trabalhei muito na Rede Record desempenhando várias atividades como ator, apresentador, produtor e diretor. Na Rádio Record, eu fazia um programa chamado *A Dose das Doze*, do Oswaldo Moles, ao lado de colegas como Adoniram Barbosa, Nair Bello, Geraldo Blota. O Adoniram tinha conseguido gravar um disco com duas músicas - *Saudosa Maloca* e *Samba do Arnesto* – então, eu e ele saíamos com esse disco embaixo do braço para correr as lojas de música do centro da cidade. Como essas lojas, em geral, tinham um toca-discos na porta, pedíamos que tocassem aquele disco e isso chamava a atenção das pessoas. Para a Rádio Record, quando vivia no Rio, gravei uma série de entrevistas com Tom Jobim, Grande Otelo, Ciro Monteiro, mas nenhuma delas foi ao ar, o que é uma pena.

A TV Record inaugurei com um espetáculo montado em 27 de setembro de 1953 pelo Eduardo Moreira, eu dirigia, produzia, apresentava. Montei, também, a pedido do Raul Duarte, diretor artístico, um espetáculo ao vivo, sobre o aniversário da Revolução de 32, juntei montes de coisas, a Margarida Rey declamando poemas do Guilherme de Almeida, ficou maravilhoso.

Na Record, existia um programa chamado *Aliança para o Sucesso*, dirigido pelo Manoel Carlos e apresentado pelo Paulo Planet Buarque, que reunia três casais para responder a uma série de questões. Fui chamado a participar com minha mulher, mais o Lupicínio Rodrigues e a esposa, o Hélio Bicudo e a mulher, e quando chegamos, dei de cara com um inimigo terrível que eu tinha nos tempos do Rio e que estava na produção do programa. Ficamos numa sala onde havia uma garrafa de uísque, gelo, água e nessa história de saem as mulheres, voltam, saem os homens, voltam, ficamos bebericando. Bastou dois goles e eu fiquei louco, transtornado, desesperado, fazia discursos contra os militares e então mandaram me levar de carro com motorista para casa. Acredito que este sujeito, que era um conhecido toxicômano, tenha colocado droga no meu copo me derrubou. No dia seguinte, voltei à emissora para me explicar ao Manoel Carlos e ao Paulinho Machado de Carvalho e fiz o programa na semana seguinte, sem beber nem água.

Na TV Record, fazíamos ao vivo um programa chamado *Fritz Famoso*, que era um herói de capa – espada que eu fazia. Eu disputava a espada com meu adversário e jogava a arma no chão, até que o Durval de Souza me pediu para não fazer isso porque a espada era alugada, custava uma grana, e me sugeriu que eu jogasse para ele na coxia. Quando o programa entrou no ar, olho para o Durval e vejo que ele estava com a cabeça abaixada, lendo o roteiro. Eu gritava: – *Vitória, vitória* – ele não me olhava. Então, joguei a espada, tentei avisar, mas ela desceu de ponta no cocuruto do Durval de Souza. Ele sangrando, eu continuava gritando pra cobrir os palavrões.

TV Rio

Em 1954, fui montar o TBC no Rio e inaugurei a TV Rio. Fiquei uma temporada fazendo programas humorísticos até que fui fazer um teste com o Walter D'Ávila para o quadro do Seu Obturado, aquele que não entendia as piadas nunca - esse quadro foi escrito durante anos para a Rádio Mayrink Veiga pelo Chico Anysio. Durante os ensaios no Teatro Recreio, eu cometi a afronta de propor ao Walter ensaiar nosso diálogo na íntegra, para não improvisar, foi um sucesso. Na TV Rio também trabalhei em outros programas como *Show da Noite, Botando Banca, Aprendiz de Feiticeiro* e fui animador de programa infantil.

TV Tupi

Na emissora, trabalhei em 1960/61 nos teleteatros adaptados das obras de Jorge Amado. Em *Gabriela, Cravo e Canela*, direção do Maurício Sherman, eu era o Nacib, o turco galã, eu tinha 34, 35 anos, a Zélia Gattai escreveu que minha interpretação tinha sido boa. Estava recém-casado e nas cenas de amor com Gabriela - era uma menina bonita que estava começando, nunca fez mais nada - eu fingia, fazia um beijo técnico. Quando o magistral Armando Bógus, meu amigão, companheiro, fez o Nacib na TV Globo, fui entrevistado, queriam minha opinião a respeito dessa nova montagem. Lembrei ao jornalista que o Bógus era muito bonito para o papel, a Gabriela não trairia um homem tão bonito. Na matéria, o jornalista escreveu que eu estava desesperado por não repetir o papel, que eu estava criticando o Bógus, achando tudo errado. Escrevi uma carta e levei ao jornal - era aqui em São Paulo. O diretor de redação leu e disse que se tivesse que publicar a carta teria de demitir o jornalista, não deixei. Reencontrei o Bógus depois, conversamos. *A Morte de Quincas Berro D'Água* fiz com o Sergio Britto, o Alcino Diniz era o diretor da emissora, eles jogando água em cima do Quincas com um balde, havia todo tipo de dificuldade, esses teleteatros eram ao vivo... Na TV Tupi de São Paulo, mais tarde, trabalhei em *A Volta de Beto Rockfeller, Meu Pé de Laranja Lima, O Conde Zebra*, com o Zeloni, e *Papai Coração.*

Trabalhei em todas as emissoras do Rio e São Paulo. Foi na Rádio Bandeirantes que conheci o Pagano Sobrinho, recém-contratado, uma figuraça, fazia graça com todos. Na TV Bandeirantes, além de programas humorísticos e shows, fiz *O Sítio do Pica-Pau Amarelo*. Na TV Paulista, participei de teleteatros e programas de auditório e no SBT, além de atuar em programas humorísticos, como *A Praça é Nossa*, fiz um programa chamado *Palavra Viva*, de 3 minutos, que abria a programação. Eu era um marceneiro chamado Nonato e lia histórias curtinhas, baseadas na Bíblia.

TV Cultura

Entrei na TV Cultura em 62 para fazer *Meu Pedacinho de Chão*, escrita pelo Benedito Rui Barbosa e direção do Eduardo Moreira, que freqüentava as reuniões da Inezita Barroso e havia sido produtor da Rádio e da TV Record. Ele era muito engraçado, simpático, e depois me convidou para fazer um programa que ele tinha bolado, *Jardim Zoológico*, em que eram convidados garotinhos de escolas. Quando pegou fogo na TV

Cultura, eu consegui salvar alguns programas da série e em um deles está o João Marcelo Bôscoli, filho da Elis Regina, que tinha ido lá com o César Camargo Mariano. Em outro está minha filha Adriana. Nesse programa, montávamos um palanque com as crianças e falávamos sobre um determinado animal, discutindo suas características. Mas era época da ditadura e acharam que eu estava dando umas indiretas e então o programa foi tirado do ar. Queriam me mandar embora, mas como eu era líder sindical, fazia parte do Sindicato dos Artistas, tiveram de me engolir.

Fui fazer então um programa muito simplezinho chamado *Bambalalão*, em que eu respondia cartinhas das crianças. Só que eu respondia essas cartinhas colocando as manguinhas de fora, dizia: *Joãozinho, a sua letra não está bonita, você precisa falar com a professora, porque o salário dela sai dos impostos de seu pai*. Um dia, recebi uma carta de um garotinho chamado Renato, que morava em Itanhaém. Na época, cogitava-se de montar uma usina nuclear em Peruíbe e quem falasse contra era considerado comunista, contra o governo. Eu aproveitei a cartinha do garoto para contar dos meus tempos de escoteiro em Itanhaém e pedir a ele que tomasse cuidado, que contasse aos pais e amigos que estavam querendo montar uma usina nuclear em Peruíbe, que significaria destruição da flora, da fauna, da qualidade de vida. Deixei o programa gravado e na semana seguinte a produção me avisou que estava tudo lindo, mas que a parte da usina tinha sido cortada. Eu fiquei uma fúria, disse que era coisa do Maluf, o governador da época, e esculhambei com aquilo tudo.

Na época em que eu estava na Diretoria do Sindicato dos Artistas, soubemos por um rapaz do nosso escritório que ele só ficaria isento do serviço militar se pagasse uma determinada quantia a um general. O rapaz tinha um problema no pé e o pedido de propina havia sido feito pelo general Guariba. Relacionamos de imediato o nome desse militar ao de uma companheira que havia desaparecido – Heleni Guariba - e a Lélia Abramo questionou-o sobre o parentesco. O militar assumiu que a moça havia sido sua *mais querida nora* e liberou o rapaz do serviço militar. Na mesma ocasião, nós da classe decidimos fazer campanha contra a censura e criamos um crachá preto para usar. Eu colocava o crachá no peito e circulava dentro da TV Cultura com ele, até que um diretor me disse: *Um bom alvo para um tiro*. E eu respondi: *Mas você atira e me mata, se não quem te mata sou eu*. Eu era corajoso não só para isso, mas para muito mais. Gravava com o crachá no peito, fiz campanha pelo Franco Montoro lá dentro, enfim, me agüentaram um ano. Aí, acabei fazendo uma besteira no Sindicato, me engajei num grupo contra a Lélia Abramo, perdi a eleição e, sem imunidade, fui demitido. Processei a emissora, perdi, e eles ficaram me devendo um dinheiro.

TV Globo

Quando eu estava recém-saído do hospital, em 64, desempregado, morando em São Paulo, vejo um fulano pulando a grade lá de casa, debaixo de chuva. Parecia o Carlos Lacerda, mas era o Oswaldo Wadington que me procurava em nome do Abdon Torres, diretor-geral de uma nova emissora que seria instalada no Rio de Janeiro, a TV Globo. Ele então me propôs entrar na TV Globo para ser produtor, diretor, ator e apresentador. O salário era legal para essas funções, então, troquei idéias com minha mulher e voltamos ao Rio. Primeiro tomamos aulas sobre televisão com o Abdon, que conhecia muito o assunto, e em 1965 inauguramos a TV Globo que, em 2005, estará completando 40 anos. Tínhamos o Mauro Salles no jornalismo, o João Bettencourt, o Wadington, o Graça Melo.

Primeira equipe a trabalhar na TV Globo, 1965

Fiz uma série de programas – *Balança Mas Não Cai, Câmara Indiscreta, Noel Rosa x Wilson Batista, Você Decide* - e em 1966 pedi demissão porque queria voltar para São Paulo, o Walter Clark até alegou que todo mundo pedia pra entrar e eu queria sair. Marcante na Globo foi *Tieta*, do Jorge Amado, o Paulo Ubiratan foi quem mandou me convidar, por volta de 69. Peguei o livro e vi que o Chalita, que seria meu papel, aparecia pouco na história. Só que quando souberam que eu tinha assinado com a Globo, me deram muitas cenas e na hora de gravar, com o José Wilker e o Armando Bógus, acharam que estava muito paulista e me pediram um sotaque, em cima da hora. Pedi uns minutos, fiquei num canto lembrando piadas de turco e gravei, pronto, aí fui aprimorando...

Gosto de fazer de tudo em televisão, só não gosto de muito texto, tenho preguiça de decorar. E em TV, o problema é decorar o texto, não dá para aprimorar a interpretação, a preocupação está em produzir, produzir, a interpretação é por sua conta, terminou, acabou, esquece.

No SBT, participei de *Fascinação*, com o Jacques Lagoa dirigindo; tentei dar uma sugestão, ele não aceitou. Já em teatro, fico aprimorando, não durmo sossegado, passo noites insones tentando melhorar.

TV Manchete

Trabalhei na emissora como ator convidado e um de meus maiores trabalhos foi um episódio de *Ana Raio e Zé Trovão*, escrito pelo Marcos Caruso e pela Jandira Martini e que se passava em Piratini. Era uma adaptação do filme *Cinema Paradiso*, eu fazia um velho, dono de um cinema em Piratini que a Manchete reformou. Na novela *Um Certo Capitão Rodrigo*, em que o Carlos Zara fazia o papel principal, eu interpretei o Padre Lara, bastante marcante. Também fiz *O Morro dos Ventos Uivantes*, eu era um monstro, tinha que colocar borracha no rosto, uma maquiagem de duas horas, eu acabava matando uma menina linda. Mas a Manchete andava ruim de grana e não me pagavam, e como esse monstro agradou o público, me chamaram para mais uma série. Antes de começar a gravar, cobrei o que me deviam, acabaram me pagando, mas quando marcaram a nova gravação, eu não apareci, não quis mais saber e cortaram o monstro da novela.

Festa na casa de Regina e Mário Pacheco Fernandes, com John Herbert, Hélio Souto, Giba Um, Alberto Ruschel e Hebe Camargo, entre outros

Renato Consorte
dando o
"Imprimatur"
às caricaturas
19.7
19-7-
CHICO CARUS

As Peças

1949

- A NOITE DE 16 DE JANEIRO -TBC
- O MENTIROSO -TBC

1950

- O INVENTOR DO CAVALO - TBC

1952

- VÁ COM DEUS - TBC

1953

- DIVÓRCIO PARA TRÊS - TBC
- NA TERRA COMO NO CÉU - TBC
- ASSIM É, SE LHE PARECE – TBC

1954

- IMPROVISO - TEATRO ÍNTIMO
- ASSIM É SE LHE PARECE - TBC RJ
- SEIS PERSONAGENS À PROCURA DE UM AUTOR - TBC

1955

- DO TAMANHO DE UM DEFUNTO - TEATRO DE BOLSO

1956

- A DAMA DAS CAMÉLIAS - CIA. DERCY GONÇALVES

Time de futebol da Casa Humberto Abrahão, 1945

Grupo dos Anjos, carnaval em Tatui, 1946

1956

- DO TAMANHO DE UM DEFUNTO - TEATRO MARIA DELLA COSTA
- BONITO COMO UM DEUS - TEATRO MARIA DELLA COSTA
- ACONTECEU ÀS 5 E 1/4 - TEATRO MARIA DELLA COSTA

1958

- PEGUEI UM ITA NO NORTE - TEATRO RECREIO

1959

- BONANÇA – TEATRO MUNICIPAL DO RIO DE JANEIRO
- O MAMBEMBE - TEATRO DOS SETE

1960

- CRISTO PROCLAMADO - TEATRO DOS SETE
- COM A PULGA ATRÁS DA ORELHA - TEATRO DOS SETE
- O BEIJO NO ASFALTO - TEATRO DOS SETE
- A PROFISSÃO DA SRA. WARREN - TEATRO DOS SETE

Tony Rogê Ferreira, Renato e Raul Duarte de Azevedo,

Copacabana, 1948

José Salibe, Inezita Barroso, Renato e Paulo Autran,

Franca, 1948

1962

- FESTIVAL DE COMÉDIAS DO TEATRO DOS SETE COM AS PEÇAS: O VELHO CIUMENTO - O MÉDICO VOLANTE - CIÚMES DE UM PEDESTRE - PIF-TAC-ZIG-PONG - TEATRO DA PRAÇA

1963

- A SENHORA PRESIDENTA – CIA. DERCY GONÇALVES
- A MISS TARADA - CIA. DERCY GONÇALVES

1965

- MÚSICA, DIVINA MÚSICA - TEATRO CARLOS GOMES

1966 e 1967

- ARENA CONTA TIRADENTES - TEATRO DE ARENA

1968

- MAC BIRD – GRUPO ARENA
- 1ª FEIRA PAULISTA DE OPINIÃO, COM OS ESPETÁCULOS: O LÍDER - ANIMÁLIA - VERDE QUE TE QUERO VERDE - A LUA MUITO PEQUENA E A CAMINHADA PERIGOSA

1969

- OS GIGANTES DA MONTANHA - TEATRO SÃO PEDRO

Com Paulo Autran e Inezita Barroso, Itanhaém, 1949

1969

- ARENA CONTA ZUMBI - EXTERIOR
- ARENA CONTA BOLÍVAR – EXTERIOR

1970

- A LONGA NOITE DE CRISTAL - ESTÚDIO SÃO PEDRO
- O INTERROGATÓRIO - ESTÚDIO SÃO PEDRO

1972

- PENA QUE NÃO SEJA EM CORES - TEATRO GAZETA

1974

- PRISIONEIRO DA 2ª AVENIDA - TEATRO ALIANÇA FRANCESA
- O BARÃO DE COTIA - TEATRO DO SESI

1975

- A TEORIA NA PRÁTICA É A OUTRA - TEATRO ITÁLIA

1976

- MAHAGONY - TEATRO 13 DE MAIO
- SUA EXCELÊNCIA, O CANDIDATO - TEATRO ITÁLIA
- SEIS PERSONAGENS À PROCURA DE UM AUTOR - TEATRO FAAP

Pro
RENATO
o
abraço
de
PAULO
CARUSO
no
MIS
1. setembro 92

1977
- GOTA D' ÁGUA
- OS SALTIMBANCOS
1980
- A VACA NO SOFÁ - TBC
- ANTI-NELSON RODRIQUES - TEATRO RUTH ESCOBAR
- BARRELA - TBC e TAIB
1993 a 1999
- PORCA MISÉRIA - TEATRO BIBI FERREIRA
2003/2004
- SÁBADO, DOMINGO E SEGUNDA

Filmografia Comentada

COMPANHIA CINEMATOGRÁFICA VERA CRUZ (1950 a 1954)

Caiçara, Terra é Sempre Terra, Ângela, Sai da Frente, Tico-Tico no Fubá, Appassionata, Veneno, Candinho, O Cangaceiro, Esquina da Ilusão, Família Lero-Lero, Nadando em Dinheiro, Luz Apagada, Uma Pulga na Balança, Sinhá Moça, É Proibido Beijar, Floradas na Serra, Na Senda do Crime (todos já comentados anteriormente)

Fazendo gracinhas no carnaval, Itanhaém, 1949

Rio 40 Graus (1954)
Direção de Nelson Pereira dos Santos.
Fomos colegas na Faculdade de Direito e estive com ele há pouco tempo no Rio; comentamos que o filme está fazendo 50 anos. Naquela ocasião, fui ver as filmagens na praia e ele começou a chorar as mágoas alegando que a equipe estava a postos, o sol ia embora e precisavam de um ator para uma participação, que tivesse as minhas características. Era um papel ridículo, um homem meio bicha que andava com o cachorro na praia e reclamava de uns garotos que vendiam amendoim. Recebi um certificado de cota de participação e recentemente tentei cobrar dele: ele me respondeu que eu tinha sido pago porque eu fiquei com uma atriz do filme, veja só.
A Baronesa Transviada (1957)
Direção e produção de Watson Macedo, com Dercy Gonçalves, Grande Otelo, Zeloni e Badaró. Eu já trabalhava com a Dercy em teatro, quando fui convidado para fazer uma participação no filme. Meu papel era de um advogado.

Com Marisa Prado no Festival Internacional de Cinema, 1954

Show beneficente com Elizeth Cardoso e Moacir Silva, São Paulo,1974

Osso, Amor e Papagaios (1957)
Direção de César Mêmolo e Carlos Alberto de Souza Barros.
Era um filme muito bom, foi premiado, baseado no texto *A Nova Califórnia* do escritor Lima Barreto. Eu fazia o Salim, dono de uma loja.
Um Caso de Polícia (1959)
Direção de Carla Civelli, com Glauce Rocha e Sebastião Vasconcelos. Foi na época em que casei. Filmamos num casarão do Lgo. do Machado, Rio.
Garota Enxuta (1959)
Direção de J.B.Tanko, com Chico Anysio, Ankito, Grande Otelo, Jaime Costa e uma série de cantores – Agnaldo Rayol, Emilinha Borba, Elizeth Cardoso, Ivon Cury e Agostinho dos Santos. Nem me lembrava de ter feito esse filme.
Ladrão em Noite de Chuva (1960)
O roteiro era do Millôr Fernandes, baseado na peça dele, *Do Tamanho de Um Defunto*, e estavam no elenco a Ludy Veloso e o Armando Couto.
Os Mendigos (1962)
Fui convidado pelo Fábio Sabag, era um curta-metragem da esquerda, direção do Flávio

Banda Redonda, com Carlos Costa e Paulo Goulart, 1998

Com Ewerton de Castro, 2001

Migliaccio, eu fiz uma participação afetiva, que significa: sem receber nada. Inclusive, as roupas eram emprestadas dos mendigos mesmo, autênticas, um sofrimento, aquelas roupas fedidas, eu usava um chapéu que me passou uma caspa na cabeça. As cenas eram dentro das tubulações de cimento da Praia do Flamengo, eu fazia o papel do cara que alugava os vários tipos de tubulações, com vista para o mar, com vento entrando pelo lado norte, pelo lado sul. O Flávio Migliaccio me perguntou há pouco tempo se eu fiquei com uma cópia do filme, porque a cópia em 16 mm que ele havia emprestado para a TV Globo sumiu, só foram feitas duas cópias e não sei quem está achando o filme um clássico, um clássico desaparecido. Nunca vi o filme.

Pluft, O Fantasminha (1965)

Direção do francês Jean Romain Lessage sobre texto de Maria Clara Machado.

Foi filmado no Rio, na Cinecastro, e como o produtor não tinha dinheiro pra pagar os cachês, os atores recebiam em uísque. Eu era um dos piratas que ficavam bebendo em uma taberna, aliás, todos os bebedores do Rio estavam no

Foto autografada de Cacilda Becker com Maurício Barroso

elenco: o Dom José Cavaca, que fingia que tocava violão, o Vinicius de Moraes, o Paulo Mendes Campos, imagina a bebedeira que era. Filmávamos de madrugada e era uma dificuldade, ninguém se concentrava no texto. Terminado o filme, o Vinicius se internou numa clinica de recuperação.

Cristo de Lama (1966)

Direção de Wilson Silva.

Foi rodado em Ouro Preto e Mariana, em Minas Gerais, pelo diretor Wilson Silva, que era um sujeito muito ativo; logo que aceitei o papel me deu um belo adiantamento – fui pro Gigetto e paguei jantar pra todo mundo. Depois, sumiu, não pagou mais nada. Eu fazia o papel do José Emerico Lobo de Mesquita, um compositor com músicas muito bonitas, companheiro do Aleijadinho, um trabalho muito bem-feito pelo Geraldo d´el Rey que se envolveu com uma menina comprometida, foi uma loucura. Havia uma lenda de que existia um fantasma na cidade e uma noite, em uma festa realizada em um sobrado muito alto, ouvi uma gritaria, todo o mundo correndo, estavam vendo o fantasma. Fui lá

Casamento Civil, com Gino e Cidinha, Josi, Edna e Fortunato, Rio de Janeiro, 1959

Casamento religioso, com D. Idalina, Josi e D. Dolorata, as respectivas mães

enfrentar o bicho, era uma figura pavorosa, com olhos de luz, eu mandei ele parar com aquilo, estava assustando todo o mundo e ele sumiu. Dali a pouco apareceu de novo em outra porta lá em cima, até hoje não sei o que era.

O Bandido da Luz Vermelha (1969)

Direção de Rogério Sganzerla. Elenco: Paulo Villaça, Helena Ignez, Pagano Sobrinho, Lolah Brah e Sônia Braga, entre outros. Sucesso surpreendente de bilheteria, foi premiado no Festival de Brasília em 1968. O filme era feito de depoimentos, e eu era um dos depoentes.

Gente que Transa (1974)

Comédia do Silvio de Abreu, com Adriano Reys, Carlos Eduardo Dollabella, José Lewgoy e Elke Maravilha no elenco

Eu fazia um colunista social meio bicharoco, marido da Elke Maravilha.

Sabendo Usar Não Vai Faltar (1976)

Direção de Sidney Lopes. Era uma comédia em episódios. Quando fui conversar com ele, conheci a atriz que faria minha amante no filme, uma loura muito bem-apanhada que, numa cena, quase me sufocou com um beijo.

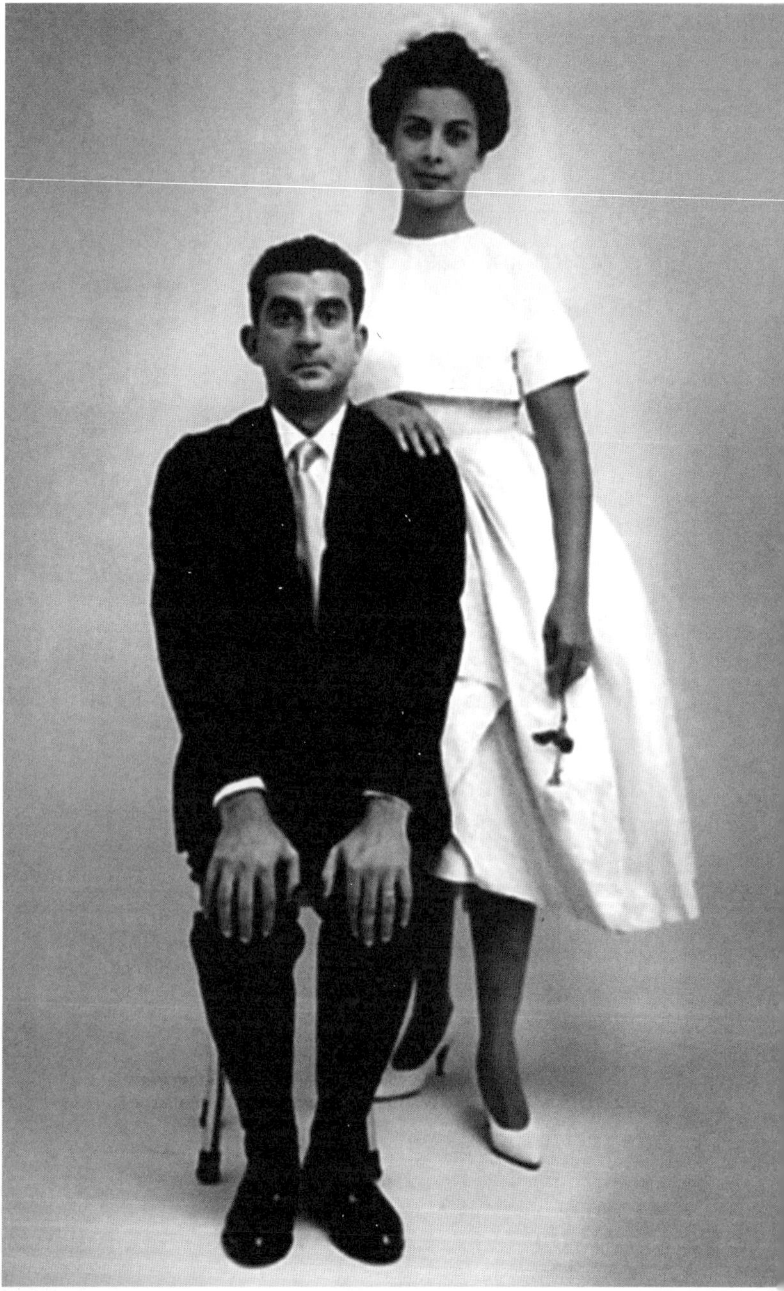

Curumin (1978)

Longa-metragem de Plácido Campos Junior, quase desconhecido, baseado no mundo imaginário das lendas populares brasileiras.

Eu era o papagaio, vestia uma fantasia com capuz, bico, a maquiagem era incrível, demorada. O Guarnieri também estava no elenco, filmamos nas matas de Itu e no Posto Leonardo do Xingu, com a tribo Iaualapiti. Quando terminaram as filmagens, pedi carona a um avião da FAB que voltaria um dia antes – eu estava fazendo o *Saltimbancos* em São Paulo – e me deixaram em Xavantina. No dia seguinte, o restante da equipe me pegou e foi uma viagem louca, os militares tentando nos assustar com manobras radicais.

O Coronel e o Lobisomem (1979)

O Alcino Diniz, que tinha sido diretor-artístico da TV Tupi do Rio, dirigiu o filme em que fiz uma participação. Rodamos em Vassouras, no interior do Rio, quando chegou lá uma menina chamada Louise Cardoso, eu a achava muito parecida com a Leila Diniz – tempos depois, ela fez o papel da própria Leila no cinema. Mauricio do Valle estava no elenco.

Adriana (filha), Francis e Cecília (netos); Renatinho (filho) e Carla (nora)

Com Pedro (neto mais velho)

Ato de Violência (1979)
Direção de Eduardo Escorel, com Nuno Leal Maia e Selma Egrei.
Filmado entre maio e agosto de 1979, ficou pronto em fevereiro de 1980. Era a história do Chico Picadinho, um criminoso que matou e esquartejou uma prostituta e quando foi solto matou outra. O papel foi feito pelo Nuno Leal Maia, que esteve com ele para conhecê-lo um pouco; eu era o Manuel, o tio do Chico Picadinho, que descobria o esquartejamento. Era um filme muito pesado e o Escorel, genial, conseguiu fazer; o Nuno ganhou o Prêmio de Melhor Ator e eu de Melhor Coadjuvante em um festival.

Eles Não Usam Black-tie (1981)
Direção de Leon Hirzman, rodado em cima de roteiro assinado por Gianfrancesco Guarnieri e Leon Hirzman. No elenco, Paulo José, Fernanda Montenegro, Milton Gonçalves, Nelson Xavier e Lélia Abramo.
Foi a primeira vez que pedi para participar de uma produção. Liguei para o Guarnieri, disse que todo meu time estava lá e eu queria entrar também. Apareço no final, em uma cena de bar.

Com Josi, Francis e Robert MacCrea (genro)

Com Carla, Cecília, Josi, Francis, Pedro e Adriana

O Menino Arco-Íris (1983)
Era um filme do mímico Ricardo Bandeira sobre a vida de Cristo criança. Todos os artistas do Brasil fizeram pequenas participações, uma loucura, ele não conseguiu pagar todo mundo.

O Cavalinho Azul (1983)
Direção de Eduardo Escorel.
Foi feito no Rio, eu era o João de Deus, uma figura mística que procurava o cavalinho azul, levava duas horas pra fazer a maquiagem. Quando o Escorel me convidou, me perguntou se eu tinha problemas de altura porque filmaríamos em Itatiaia, a 2 mil metros de altitude. Eu respondi que não, contudo, quando vi o hotel, que ficava a mais 2 mil metros de altura e ainda tínhamos que subir numa pedra a 100 metros de altura, gelei. Tenho problemas nos pés, joanetes, calos; andava no meio de pedras e buracos e quando chegamos na base da pedra, subi com o auxilio de pára-quedistas e alpinistas e, no topo, ainda tinha de caminhar pela beirada de um desfiladeiro, não tinha nem fôlego pra minha fala. E como não deu pra terminar a cena, tivemos de voltar no dia seguinte, uma loucura.

O Baiano Fantasma (1984)
Direção de Denoy de Oliveira.
Conta a história de um paraibano que chega a São Paulo em busca de um conterrâneo e acaba se envolvendo com uma quadrilha que cobrava proteção. No elenco, José Dumont, Regina Dourado e Sérgio Mamberti. O filme ganhou três Kikitos de Ouro no Festival de Gramado, o Troféu de Ouro de Melhor Filme no II Festival de Cinema de Língua Portuguesa, realizado em Portugal, e deu a José Dumont o prêmio de melhor ator no Festival de Havana. Meu papel era o do dono de um empório e filmamos em uma delegacia autêntica, até mesmo com manchas de sangue pelo chão, os policiais nos dando dicas de porradas, de torturas. Quem contracenava comigo no papel de um policial chamado Galo era o Júlio Calasso.

Sonho Sem Fim (1985)
Direção de Lauro Escorel, com Carlos Alberto Ricelli, Débora Bloch, Fernanda Torres.
O Lauro é tão genial quanto o irmão, Eduardo, é um iluminador emérito, excelente cinegrafista. É uma historia real de um gaúcho que resolveu

fazer cinema, muito bem-interpretado pelo Ricelli. Filmamos em Pelotas, eu fazia um fotógrafo profissional. Tem uma passagem engraçada no filme. Numa cena, o Ricelli se exibia sentado no capô de um carro, amarrado com cordas, como se estivesse dirigindo uma carroça. Dentro do carro, ficava agachado um motorista gaúcho, controlando a direção. Num certo momento, o rapaz se descontrolou, ia jogando o carro contra a equipe, o Ricelli dizia breca, breca, e o motorista nada, até que o Ricelli pulou na direção e desviou o carro. O rapaz não entendia o que era brecar: lá eles dizem freia.

Os Trapalhões no Auto da Compadecida (1987)
Direção de Roberto Faria, baseado no texto de Ariano Suassuna, com Renato Aragão, Dedé Santana, Mussum, Zacarias e Raul Cortez.

Foi feito no Riocentro, onde houve aquela tentativa do Exército contra um festival. Ótimos todos, nos demos maravilhosamente, a tal ponto que o Renato queria que eu entrasse para o grupo. Eu estava viajando com uma peça, não pude aceitar o convite, mas ficamos muito amigos. O Renato Aragão é sempre muito moleque, agradável para se trabalhar.

Sua Excelência, O Candidato (1992)
Direção de Ricardo Pinto e Silva, produção de Caito Junqueira, com Lucinha Lins, Cláudio Mamberti, Renato Borghi e Yara Jamra.
Quando li o texto da peça achei que seria um sucesso, tanto que fizeram também o filme, onde repeti o papel do chefe de partido corrupto.
Sábado (1995)
O Ugo Giorgetti é autodidata, um extraordinário diretor, conhece tudo de cinema. Tanto se aplicou e pesquisou que acabou sendo um dos melhores diretores do nosso cinema. Quando me convidou para participar do filme, foi uma emoção, um choque, porque voltei a entrar nos estúdios da Vera Cruz. Uma vez, a secretária dele veio avisar que o Jô Soares estava no telefone pedindo pra entrar no filme, eu até insisti para que ele aceitasse, ele então inventou uma seqüência pro Jô.
Perfume de Gardênia (1995)
Direção de Guilherme de Almeida Prado, com José Mayer, Cristiane Torloni, Betty Faria e José Lewgoy. O Lewgoy é uma figura esplêndida: sempre revoltado, muito gozado.

O Casamento de Romeu e Julieta (2004)
Direção de Bruno Barreto, com Luana Piovani, Marco Ricca, Luís Gustavo, Berta Zemel e Mel Lisboa, entre outros.

O Caruso foi quem fez a adaptação de um conto do Mário Prata e falou maravilhas do filme, inclusive do meu trabalho – esse filme está fadado a fazer sucesso. Fiz o papel de um ex-jogador de futebol, o Luís Imparato, que participou de um jogo, nos anos 40, em que o Palestra Itália ganhou de 8 a 0 do Corinthians. O Imparato fez três gols. Gostei muito de trabalhar com o Bruno, gentil, simpático, agradável, conhece tudo de cinema, a equipe era maravilhosa. Conheci no filme uma atriz pequenina, bonitinha, que fumava muito. Era a Mel Lisboa, ficamos amigos, eu insistindo para ela largar o cigarro. No último dia de filmagens, ela me anunciou que havia parado de fumar.

Como Fazer um Filme de Amor (2004)
Direção de José Roberto Torero, com Cássio Gabus Mendes e Denise Fraga.

Fui convocado para fazer uma gravação cantando, uma cena muito bonita, romântica, em que o Cássio canta uma música para a Denise, essa doçura, e como era uma vila, cada um de nós ficou em um sobrado, cantando seu trecho. Só que esqueceram de deixar a chave do sobrado em que eu gravaria e tive que entrar por fora, criaram um esquema de segurança, amarra, suspende, levanta, até que consegui entrar no terraço e filmamos.

Bom Dia Eternidade (2004)

Direção do Rogério Moura, com quem eu já tinha feito um curta-metragem. No elenco estavam o João Acayabe, o Antonio Pitanga e o José Vasconcellos, o comediante, todos nós fazendo ex-jogadores de futebol querendo ajudar o Acayabe, em depressão.

Curta-metragem

Papo de Bar (1993) São Paulo, SP

Estréia de Francisco José Mosquera, que também assina o roteiro, na direção. Gênero: ficção. No elenco, Jean-Claude Bernardet, Mariano Antunes, Samir Ligneu e Malu Bierrenbach, entre outros. O filme gira em torno de um homem caído em frente a um bar e as reações do dono e dos fregueses, que vão da indiferença à irritação. Exibido na Mostra Competitiva 16 mm do XXVI Festival de Brasília do Cinema Brasileiro, em 1993; na Mostra de Curtas e Médias-Metragens 16mm do XXII Festival do Cinema Brasileiro de Gramado, em 1994; da Mostra Panorama Brasil do V Festival Internacional de Curtas-Metragens de São Paulo, 1994.

Zuleika (1993) São Paulo, SP

Estréia de Luís Dantas na direção – ele assina também o roteiro. Com Marco Ricca. Carlos prepara-se para um estranho ritual, mas Zuleika irá intervir e levar a ação a um desenlace inesperado. O filme participou da Mostra Competitiva 35 mm, do XXI Festival do Cinema Brasileiro de Gramado, em 1993; da Mostra Panorama Brasil, do IV Festival Internacional de Curtas-Metragens de São Paulo, em 1993; da Mostra Competitiva 16 mm, do XXVI Festival de Brasília do Cinema Brasileiro, em 1993. Ganhou o Prêmio Estímulo, da Secretaria de Estado da Cultura, em 1991.

Correspondência (1996) São Paulo, SP

Direção de Sérgio Audi, fotografia de Eliane Coster, com Fernando Peixoto e Vic Militello.

O filme participou da Mostra Competitiva 16mm e do XXIV Festival do Cinema Brasileiro de Gramado, em 1996. Vic Militello foi premiada como melhor Atriz no XXIX Festival de Brasília do Cinema Brasileiro no mesmo ano. A Vic fazia o papel de uma ex-professora viúva que conta sobre sua vida a dois entrevistadores, enquanto anda pelas ruas, a pé e de ônibus. Na cena final, ela aparece no centro da cidade escrevendo cartas de encomenda a R$ 0,50 cada uma. Fiz uma participação afetiva a convite dos universitários da ECA – Escola de Comunicação e Arte. Era muito improviso.

A Manchete (1997) São Paulo, SP

Estréia de Luiz Moura na direção – é dele também o roteiro. Luiz Ramalho e Lúcia Romano estão no elenco. Participou da Mostra Panorama Brasil e do IX Festival Internacional de Curtas-Metragens de São Paulo e recebeu o Prêmio Estímulo da Secretaria de Estado da Cultura, em 1994. O filme é passado na redação de um jornal sensacionalista e eu faço um dos jornalistas.

Morte (2002) São Paulo, SP
Direção e roteiro de José Roberto Torero, com Miriam Muniz, Laura Cardoso, Paulo José, Chico Martins e Umberto Magnani. Participou da Mostra Panorama Brasil, do XIII Festival Internacional de Curtas-Metragens de São Paulo, em 2002; da Mostra Competitiva do Festival do Rio-BR, em 2002, que premiou Paulo José como Melhor Ator; do IX Vitória Cine-Vídeo, Espírito Santo, em 2002; da Mostra Os Dez Melhores Filmes, do Festival Internacional de Curtas-Metragens de São Paulo, em 2002. Recebeu o Prêmio Samburá (concedido pela Fundação Demócrito Rocha na categoria Curta), de Melhor Direção, Melhor Atriz (Laura Cardoso) e Melhor Figurino (Robson Ruy), no XIII Cine-Ceará, Fortaleza, 2003. Produção da Zita Carvalhosa, minha querida. Era uma comédia, a história de dois velhos feitos pelo Paulo José e pela Laura Cardoso que ensaiam o enterro e o velório, escolhem o caixão, o cemitério, as flores e a música. Sou um dos amigos que está no velório.

Velhos, Viúvos e Malvados (2003/2004) São Paulo, SP. Estréia de Rogério de Moura na direção, com Emmanoel Cavalcanti, Valéria Pontes, Marron Araújo, entre outros. Exibido na I Mostra do Audiovisual Paulista, em 2004. Recebeu o Prêmio Estímulo, da Secretaria de Estado da Cultura em 2000.
É sobre a vida melancólica de músicos de banda aposentados, eu sou um dos músicos.
Nostradamus
Direção de Beatriz Assumpção
Fil2004, São Paulo, SP. Direção e roteiro de André

Francioli. Gênero: ficção. Com Mariana Loureiro, Zózimo Bulbul e Paulo César Pereio, entre outros.
Foi um sacrifício danado, era a história de uma bailarina italiana que badernou São Paulo em 1850, contrariando usos e costumes, a palavra vem dela. Filmei com o pessoal da ECA na Praça da Sé, por três dias, na hora do almoço, apareço esfaqueado, ensangüentado, os bêbados queriam me socorrer, não entendiam que era filmagem. Foi também uma participação afetiva. Nem sei o que deu o filme.

Gosto de cinema e estou sempre aberto aos convites e às participações afetivas em curtas-metragens, colaboro dentro das minhas possibilidades. Agora, estou restringindo um pouco porque eles não têm infra-estrutura, é uma dificuldade grande, demora muito, cansa muito.

Memórias Afetivas

Josildeth Gomes Consorte (esposa)
Foi quando fiz *Peguei Um Ita no Norte* que o Lauro Paraíso me apresentou uma baianinha linda, da Baixa no Sapateiro, a Josi, filha da dona Idalina Angélica e do seu Francisco da Silva Gomes, neta do seu Roberto José e de dona Ricardina de Sena Sacramento e do seu Leonildo e dona Maria do Carmo da Silva Gomes. Naquela época, ela trabalhava no Incra, entrava às 8 horas da manhã e ficava me esperando pra namorar, eu saía do teatro às 11 e tanto da noite. É uma menina extraordinária que me consertou, me orientou, me dirigiu pro lugar certo, eu estava destrambelhando. Como boa antropóloga, ela resolveu me conhecer, levar um espécime raro pra estudar a domicilio, e até hoje me estuda.

Alberto Cardarelli (amigo)
Fazia parte da Caravana Artística tocando violão, fizemos muitos espetáculos juntos na época, inclusive gravações. Está com mais de 80 anos e há pouco tempo me procurou querendo divulgar

a importância da boa saúde. É um exemplo de quem nunca se drogou e quer dar esse depoimento, acho isso da maior importância, pretendo ajudá-lo.

Zibgniew Ziembinski (ator e diretor)
Muito divertido, era um moleque, trabalhava muito, um gênio na iluminação, diretor maravilhoso e intérprete magnífico. Eu havia brigado com ele na Vera Cruz e qual não foi minha surpresa quando na estréia de *Vá com Deus*, em que fui aplaudido em cena aberta, ao sair do palco, chorando, vejo o Ziembinski me estendendo a mão - refizemos ali a nossa amizade.

Alberto Ruschel (ator)
Uma excelente pessoa, um sujeito sublime, muito amigo, despojado de dinheiro - ganhava muito bem, mas gastava muito. Gaúcho, veio para São Paulo com o *Quitandinha's Serenaders*, um conjunto colossal, que fazia muito sucesso – eu os ouvi cantando *Malagueña* e *Vou Vender meu Barco*, que fizeram parte de um disco. Tomaram conta do Brasil, participaram, cantando, de diver-

sos filmes. Em visita à Vera Cruz, o Aníbal Machado, escritor, também gaúcho, pai da Maria Clara Machado, me apresentou o Alberto Ruschel e a mulher dele, a Nelly Dutra, escritora que, acredito, chegou a trabalhar como roteirista na Vera Cruz. O Alberto passou então a integrar o corpo de funcionários da Companhia, inicialmente como técnico - em *Terra Sempre Terra* era microfonista e fez uma cena cantando ao violão uma moda chamada *Qual o Que*. Graças à sua figura, que chamava muita atenção, ele passou a atuar e fez sucesso internacional, filmou com a Marisa Prado, com quem teve um romance. Teve um final de vida triste.

Millôr Fernandes (escritor e jornalista)
Inteligência extraordinária, cultura sem contestação, filósofo do humor, do sarcasmo, da gozação, nos damos muito bem. Quando escrevia para a revista *O Cruzeiro*, ele foi convidado para uma festa beneficente na Praça Tiradentes, teatro apinhado, lá estavam os maiores nomes do Rio de Janeiro. Quando anunciaram seu nome,

não se ouviu um único aplauso. O apresentador insistia: *Eis o Millôr Fernandes em pessoa, ele escreve na revista O Cruzeiro, é o Vão Gogo, autor da coluna O Pif Paf*. O Millôr, que já é pequeno, ficava ainda menor. – *Então, nos conte, quem era Van Gogh, de quem você tirou seu pseudônimo?* - perguntou o apresentador. E o Millôr respondeu: - *Era um pintor flamengo*. Ao ouvir a palavra Flamengo, o auditório veio abaixo: *É o maior, é o maior...*

Marisa Prado (atriz)

Muito doce, graciosa, simpática e bonitinha, vinha de uma família humilde, era operária em uma fábrica de tecidos. Foi então trabalhar no Departamento de Montagem da Vera Cruz com a Lúcia, mulher do Abílio Pereira de Almeida, que sugeriu ao marido fazer com ela um teste para *Terra é Sempre Terra*. A Marisa foi aprovada, era boa atriz e virou estrela da companhia, fez muito sucesso. Depois, foi para o cinema estrangeiro, casou-se com um espanhol e morou no Egito onde acabou morrendo misteriosamente.

Inezita Barroso (cantora)
Meu grupo achava que ela só cantava *Meu Limão, meu Limoeiro*, mas quando a Inezita pegou o violão, estraçalhou, cantando extraordinariamente, e nos cativou. Foi a primeira a lançar *Ronda*, do Paulo Vanzolini. Eu tocava atabaque em umas músicas que ela cantava e quando ela foi gravar na RCA Vitor, me chamou para tocar junto. Estou em *Soca Pilão* e *Fazenda do Ingá*.

Abílio Pereira de Almeida (ator e diretor)
Ele tinha umas terras na Ilha Comprida, em frente à Cananéia, e me chamou para conhecer o local com o filho Padu e o Roberto Assunção. Fomos no Cadillac do Abílio e como já era noite, tempo frio, chuvoso, paramos em Juquiá onde reservamos um quarto em uma pensão. Saímos para jantar em um restaurante próximo; os três voltaram antes, eu fiquei jogando sinuca com um cara e à meia-noite, quando as luzes da cidade apagaram, fomos embora. Íamos tateando e quando chegamos numa porta grande, eu me despedi do cara e fiquei lá, batendo. Como ninguém me atendia, resolvi subir para o terraço por um monte de caixotes

de madeira, fui subindo com muita dificuldade, até que, com a luz do isqueiro, vi uma sala com um sofá. Como as outras portas estavam fechadas, e eu não sabia qual era o meu quarto, deitei no sofá mesmo, de bota, chapéu e capa e dormi. Pela manhã, ao acordar, cumprimentei um japonês velhinho, desci as escadas, sentei junto a uma mesa posta para o café e estava me alimentando quando uma japonesa chegou e me perguntou: *Onde mora sinhoro?* Eu respondi: *Moro em São Paulo*. E ela continuou: *Não, aqui, em Juquiá*. E eu: *Alugamos aquele quarto lá em cima...* Quando falei isso, uns rapazes subiram correndo, desceram, falaram em japonês entre eles, até que ela me falou: *Aqui não é pensão, sinhoro, é casa de família, pensão do lado... Como entro sinhoro na minha casa?* Tentei fazer uma cena de Shakespeare, tipo onde estou, quem sou eu, e quando saí, a população de Juquiá estava na frente da pensão, parece que um tarado andava pela cidade naqueles dias, imagina a confusão. Corri pro carro do Abílio, o carro não pegava, aí vinha um caminhãozinho que eu pedi para nos empurrar e dentro dele estava o delegado. Tive que reconstituir o crime, só que não conseguia mais subir pelas caixas, o Abílio dizia que eu era ator e a japonesa insistindo: *É atoro, entra casa de família e tudo bem?* E o Abílio completava que eu era estudante de Direito também: É estudante, entra casa de família e tudo bem?

Adolfo Celi (diretor)
Era muito simpático, alegre, boa pessoa, mas ficava terrível quando se enfezava. Uma ocasião, eu voltava de uma filmagem em Campinas e quando disse a ele que ainda tínhamos que rodar algumas cenas, ele falou uns palavrões em italiano, jogou a xícara de café no chão.

Orlando Porreta (professor)
Era uma figura nobre que, quando eu estava no curso ginasial, dava aulas de História da Civilização. Lecionava como se fosse um filme, interpretando os personagens. Quando eu chegava tarde na escola e encontrava os portões fechados, ficava na rua, encostado na janela, para ouvir as aulas dele.

Jânio Quadros (político)

TIve aulas de Geografia com ele, era uma figura esquisita, diferente, um olhar meio envesgado, não queria intimidade ou conversa com os alunos. Fui escrutinador em uma das primeiras eleições em que ele se candidatou a vereador e por causa disso vira e mexe ele falava comigo: – Meu aluno, como vai minha campanha, como estão meus votos? Passados anos, ele candidato a presidente da República em 60, recebemos um convite para uma feijoada na casa do Ary Barroso no Rio, havia jornalistas, fotógrafos, estavam lá o João Dias, o Orlando Silva, nós todos bebericando, quando fomos avisados que quem chegaria em breve era ele. Era um almoço político para que o Jânio fizesse campanha para presidente.

Josef Guerreiro (ator)

Era um poeta, meio desligado, muito engraçado, espirituoso. Uma ocasião, como ele não chegava para a matinê de domingo, dispensamos o público dizendo que ele tinha sido acometido de um mal súbito. Eis que, quando o pessoal estava no saguão saindo, ele chega todo vermelhão de sol, porque tinha estado na casa do Jorgito e da Marjorie Prado na Praia de Pernambuco, no Guarujá. A platéia voltou, o espetáculo recomeçou e quando ele entrou em cena deram-lhe uma vaia. A peça era O Grilo da Lareira, do Ziembinski, que no papel do patrão, ordenava ao Guerreiro: *Mande atrelar os cavalos*. O Ziembinski, meio desligadão, estava cansado, disse: *Mande atrelar os cachorros*. O Guerreiro respondeu: *Mas sua excelência vai sair de trenó?*

Billy Blanco (compositor)

O Mackenzie e o 11 de Agosto não se davam e toda vez que as turmas se encontravam, dava o maior pau. Em um jogo de bola-ao-cesto no Pacaembu, me atraquei com um sujeito baixotinho, carrancudo, que batia nos outros com um cano de borracha. Mais tarde, rolou outra briga durante um baile do Mackenzie no Teatro Municipal e me atraquei novamente com esse sujeito que me xingava. Passaram-se alguns anos e no Clubinho dos Artistas, aqui em São Paulo, estava um tal de Billy Blanco cantando pra nós. *Renato, você terminou a faculdade de direito?* – ele me perguntou. Eu respondi: *Não, por que?* E ele: *Você lembra de um jogo no Pacaembu? Foi comigo que você brigou. E do baile, você lembra? Era eu também...* Acabamos ficando amigos.

Ivan Lessa (jornalista)
O Ivan, ainda hoje na BBC, filho do Orígenes e da Elsie Lessa, era da nossa turma no Rio – tinha o Dias Gomes, o Paulo Francis, um pessoal da noite. Uma ocasião resolvemos ir a uma boate gay em uma galeria de Copacabana para ver como era, os quatro na maior cara-de-pau. Havia uma luz meio soturna, as duplas nas mesas ou dançando, sentamos, pedimos uma bebida e eu tirei o Ivan para dançar. *Não, Renato, não faça isso comigo* – ele reagiu, mas saímos os dois dançando, eu de homem, o Ivan tremendo feito vara verde, eu virado para a parede rindo, os outros dois às gargalhadas. Até que chegou o gerente e disse: Vamos parar com isso, vocês vieram esculhambar, podem ir embora, não precisam pagar nada. Da última vez que estive com o Dias Gomes lembramos disso... Perdemos o Dias, o Paulo Francis...

Darlene Glória (atriz)
Fazíamos um show na Boate *Night and Day*, do Rio – *Doze Biquínis*, do Abelardo Figueiredo – e uma noite, quando íamos saindo, ela perguntou: *Renato, você costuma ler a revista* Riders Digest*?* Eu respondi: *Ou você fala o nome da revista certo ou fala Seleções*... (o certo é *Reader´s Digest*). Ficamos amigos...

Zeloni (ator)
Uma figura sensacional, extraordinária, éramos muito amigos. Fiz com ele na Boate Esplanada um show chamado *Biquíni e Alfazema*, isso em 54. Também trabalhamos juntos na TV Tupi, quando fui convidado para fazer uma novela chamada *Conde Zebra*, de autoria do Sérgio Jockyman, com a Ruthinéa de Moraes. Adoeceu irremediavelmente nessa época e acabou morrendo.

Programa Zeloni e as Mulheres, *com Otelo Zeloni, TV Tupi*

Paulo Vanzolini (cientista e compositor)
Estávamos com a Caravana Artística no Grande Hotel do Guarujá quando apareceu uma figura que tinha escrito uns monólogos - eu achava que era calouro, mas Paulo Vanzolini, na verdade, era terceiranista de Medicina. Já que ele é mais conhecido como cientista e compositor,

muita gente não sabe desses monólogos muito paulistanos e relacionados com a vida que ele teve como cabo e sargento do Exército Nacional. Quando tive um programa de cinco minutos na Rádio Record, apresentava esses textos que fazem parte do livro *Vida de Cabo*, uma delícia. Decorei todos e pedi permissão ao Paulinho para dizê-los - em qualquer lugar que eu vá me pedem para repeti-los. Em uma homenagem a ele em 80, organizada pelo filho do Epaminondas, figura maravilhosa da faculdade de direito, eu disse o monólogo *O Problema da Habitação*. Nós nos encontrávamos no Jogral, do Luiz Carlos Paraná, que reunia gente da noite, e somos amigos até hoje.

Norma Bengell (atriz)
No Rio de Janeiro, fui contratado por uma empresa chamada Promotion, do Ivan Ashloker, para fazer 40 comerciais dirigidos pelo Carlos Thiré. Num deles havia umas odaliscas em cena e uma delas era a Norma Bengell, um deslumbre de beleza, um corpo divinal. Ela foi seqüestrada e quando libertada, me avisou que os mili-

tares estavam de olho em mim. Queriam saber dela quem tinha feito o gorila na *Feira Paulista de Opinião*.

José Roberto Cotrim (amigo)

Quando o Walter Clark tomou posse na direção geral da TV Globo, me pediu para produzir chamadas para uma série de filmes estrangeiros que a emissora tinha comprado. Eu faria dupla com a Célia Biar, linda, maravilhosa, que perdemos há pouco tempo, e estaria em cena também um gato angorá branco, lindo - a Célia tinha horror de gatos. No primeiro dia de gravação, o gato fugiu e se meteu num madeirame, a Globo estava ainda em construção, e miau miau pra cá, miau miau pra lá, afinal encontraram o gato, esquálido, feio, sujo, quase morto de fome, não dava mais pra gravar com ele. Então arranjaram um outro gato bonitão e eu disse pra Célia: *Você anuncia que vai chegar um novo galã na TV Globo chamado Zé Roberto*. Dei o nome ao gato em homenagem ao meu amigo, acho que ele até já tinha morrido nessa época, e foi um sucesso, recebemos cartas e mais cartas...

Carlos Vergueiro, o pai (ator)

Quando a Eliane Lage foi fazer um teste para filmar *Caiçara*, contracenou com um sujeito muito mal-encarado, mal vestido, mal cheiroso em uma cena muito forte do filme. Ela, sem experiência, reagiu por causa do mal-estar e acabou sendo aplaudida. Saímos dali e estávamos tomando um café quando se aproximou um cara muito bem vestido, elegante, que foi cumprimentá-la pela cena. Era o Carlos Vergueiro; ele é que tinha contracenado com ela. O Carlinhos Vergueiro era um gentleman, pertencia a uma família muito importante do Rio.

Genésio Arruda (ator)

Fiz com ele na boate do Lorde Hotel o espetáculo *Dois Caipiras em Paris* – ele era um autêntico caipira. Um casal de ginastas participava e a moça, muito bonita, se engraçou comigo e fui acompanhá-la até o apartamento dela na Av. Ipiranga. Não chegou a acontecer nada, mas, no dia seguinte, o parceiro dela me pegou pelas pernas durante um número e me girava e girava, eu apavorado, a mulher devia ter contado a história e ele não me perdoou. O Genésio Arruda só gritava: *Se segura cumpadre...*

Paulo Mendes Campos (escritor)
Estávamos no restaurante do Manezinho Araújo – *Cabeça Chata* – em Copacabana, quando me engracei com a mulher dele. Ele me jogou uma xícara na cabeça.

Adoniram Barbosa (compositor)
Ele fez um samba cuja letra só eu sabia, nem a mulher dele, a Matilde, sabia, e que era esta:

Vai da valsa, vai da valsa
Eu gosto de mulher bonita
Mas quando ela está sem calça comprida
A mulher que é bonita,
Sensitiva, e moderna
Gosta de calça comprida
Só para não mostrar a perna

A censura aprovou a letra só que quando o Adoniram gravou, fez um breque e ficou assim:

Vai da valsa, vai da valsa
Eu gosto de mulher bonita
Mas quando ela está sem calça... comprida

Aí a censura proibiu, não deixou sair o disco. Aliás, há pouco tempo um cantor chamado Paçoca me pediu a letra pra gravar e fez tudo errado, colocou uma segunda parte que o Adoniram não fez.

Ricardo Bandeira (mímico)
Ele me procurou uma ocasião, queria fazer um filme pornográfico com cenas de sexo explicito anal, logo eu! Disse que não dava, ele era muito complicado.

Plínio Marcos (dramaturgo)
Era muito difícil, de difícil diálogo, tinha pontos de vista muito arraigados, perdia a paciência, ficava grosseiro... Em *Barrela*, ele me pediu uma ajuda, praticamente não fiz nada, porque ele absorvia tudo, mas ele colocou no programa meu nome como co-diretor, eu dizia que era cocô diretor.

Tom Jobim (compositor)
O Josef Guerreiro me levou ao apartamento do Tom na Rua Francisco Otaviano, em 1954, e o

Tom, mesmo meio resfriado, gripado, sentou-se ao piano e começou a me mostrar umas músicas. Ficamos amigos, sempre nos encontrávamos, era uma figura muito fácil de se tratar, muito inteligente, sensível, engraçado, mulherengo. Uma ocasião, ele pegou o violão e cantou *A Felicidade*, que tinha feito com o Vinicius de Moraes, a letra escrita a lápis num papel. Quando ele cantou a parte: *A gente trabalha, o ano inteiro, por um momento de sonho, pra fazer a fantasia, de príncipe, pirata ou jardineira...* Eu disse: *Esse pepi de príncipe, pirata não está legal*. Ele respondeu: *É mesmo, eu nem tinha percebido, vou falar com o Vinicius*. A música ficou: *de rei ou de pirata*. Tenho a letra nesse papel e em 90 ele me deu uma dedicatória.

João Gilberto (cantor)
No Rio, mais exatamente no Posto Seis, tinha um bar que não fechava nunca, o Far West, freqüentado por pescadores e também por atores do TBC, íamos muito lá eu, o Mauricio Barroso, o Nelson Camargo. Uma noite, o Tom nos apresentou o João Gilberto, que eu conhecia de uma

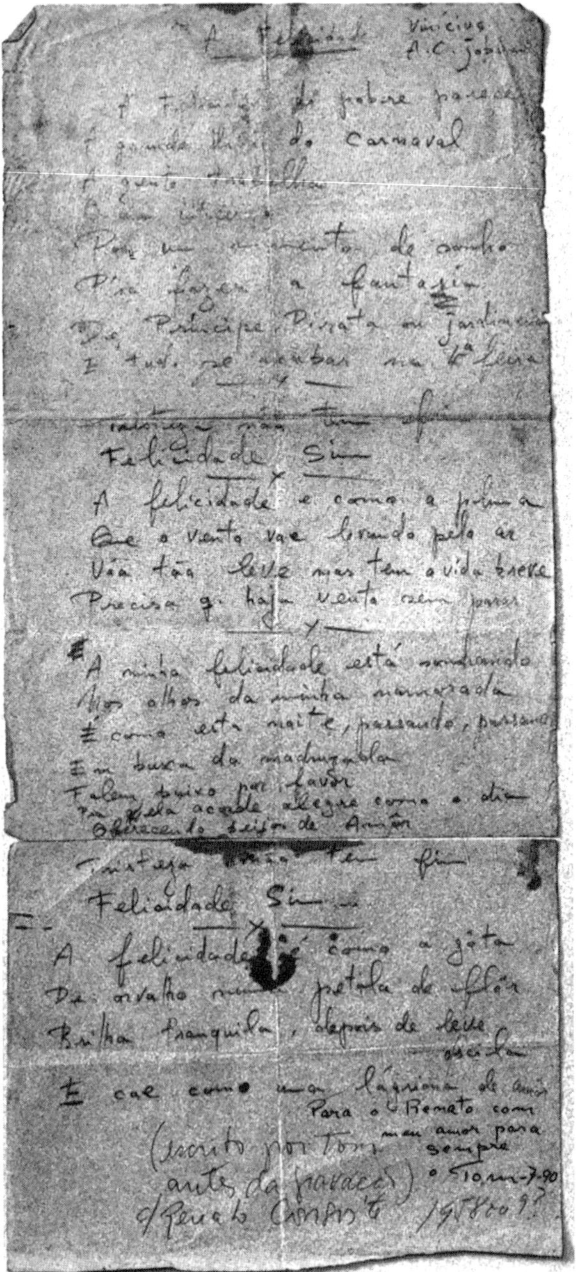
A Felicidade — Vinicius / A.C. Jobim

A tristeza do pobre parece
A grande ilusão do Carnaval
A gente trabalha
o ano inteiro
Por um momento de sonho
P'ra fazer a fantasia
De Príncipe, Pirata ou jardineira
E tudo se acabar na 4ª feira

Tristeza não tem fim
Felicidade sim

A felicidade é como a pluma
Que o vento vae levando pelo ar
Vôa tão leve mas tem a vida breve
Precisa q. haja vento sem parar

A minha felicidade está sonhando
Nos olhos da minha namorada
E como esta noite, passando, passando
Em busca da madrugada
Falem baixo por favor
P'ra que ela acorde alegre como o dia
Oferecendo beijos de Amôr

Tristeza não tem fim
Felicidade sim

A felicidade é como a gôta
De orvalho numa petala de flôr
Brilha tranquila, depois de leve oscila
E cae como uma lágrima de amôr

Para o Renato com meu amor para sempre
o Tom 10-III-90

(escrito por Tom antes da gravação)
c/ Renato Consorte 1958 ou 9?

gravação que ele havia feito com a Elizete Cardoso. Saindo de lá, fomos para o apartamento de não sei quem e fiquei ouvindo o João Gilberto a noite toda. Depois, quando excursionava com o Teatro de Arena, encontrei o Carlos Lyra no México que me passou o telefone do João Gilberto. Liguei pra ele no dia em que estávamos seguindo para Puebla, achei que nem ia me atender, e ele me alugou um tempão, falava da Bebel que estava doentinha, eu não conseguia desligar o telefone, tinha que pegar o ônibus, nessa correria acabei esquecendo meu capote no hotel, quase morri de frio.

Abelardo Figueiredo (empresário da noite)
A Turma dos Cafajestes foi me ver uma vez na boate Night And Day, em *Doze Biquínis*, dirigido pelo Abelardo Figueiredo, queriam perturbar e realmente perturbaram, lançavam umas camisinhas no palco. Eu fazia um italiano, parei o espetáculo e acabei jogando o público contra eles, eles ficaram quietos e vieram me cobrar no final... Aliás, no show havia um camareiro chamado Marisa que só queria vestir o Adriano Reys,

dizia que eu era feio, me tratava mal, eu sempre me atrasava para entrar em cena por causa disso. Passado meu acidente, fui encontrá-lo na TV Tupi. Ele me abraçou aos prantos, fiquei até comovido com o carinho, e ele me disse: *Não é por sua causa não, é que briguei com meu marido*. Fiz muitos shows na noite. Em *Copa Town*, do Carlos Machado, que inaugurou a Boate Fred's, que ficava em cima de um posto de gasolina onde hoje está o Meridien - o Sérgio Porto brincava que o freguês enchia o tanque embaixo e a cara em cima – fui aplaudido por Rita Hayworth, que estava com o Jorge Guinle, pelo Jean Paul Belmondo, pelo cara que fazia o Bat Masterson (o ator Gene Barry).

Ciccillo Matarazzo (mecenas das artes)
Ele me conhecia da Vera Cruz e em dezembro de 1953 me convidou por carta para me integrar à Comissão do IV Centenário de São Paulo. Aceitei, fui contratado e incumbido então de organizar um desfile das indústrias que foi apresentado com sucesso na Av. Nove de Julho. Ele era agradável, muito acessível, embora não falas-

se muito, e D. Yolanda Penteado estava sempre junto, simpática, bonitona. Na minissérie *Um Só Coração*, da TV Globo, fui convidado pela Maria Adelaide Amaral para fazer o pai do Ciccillo, o Andréa Matarazzo. Já estávamos com tudo acertado, até horário de avião, quando lembrei à produção que não podia cortar o cabelo e o bigode por causa das filmagens de *O Casamento de Romeu e Julieta*, do Bruno Barreto. Aí não deu; era uma chance de estar com meus amigos...

Nuno Leal Maia (ator)

Na peça *A Teoria na Prática é a Outra*, ele virava pra mim numa cena e dizia: *Estou cagando pra você*. Um dia, ele devia estar de ovo virado, saiu do texto e me falou uma frase mais comprida: *Estou cagando e andando pra você*. Fui emendando, dizendo que ele podia escorregar, e cair, e misturar tudo. No camarim, o Nuno queria me matar de tanta raiva.

Bibi Ferreira (atriz e diretora)

Na peça *Gota D'Água*, em algumas cenas ela agredia o Francisco Milani. Ele saía machucado, ela batia pra valer. Uma noite, a Bibi não se sentia bem e foi substituída então pela excepcional Sônia Guedes. No meio do espetáculo, a Bibi voltou, não deixou que a Sônia continuasse.

Tonico Leporace (violonista)
Músico extraordinário, toda a família é de rádio, tem o Vicente Leporace, a Gracinha Leporace, que é casada com o Sérgio Mendes, o Fernando, contrabaixista. Sempre alto astral, espirituoso, nos conhecemos na casa da Inezita Barroso.

Paulo Autran (ator)
Durante a temporada da minha primeira peça no TBC, fiz um terno novo e ele, muito moleque sempre, quando foi me argüir em uma cena, disse: *Sr. Sigur Anderson, a sua prosperidade, esse seu terno novo, o senhor deve a quem?* E eu respondi – *Eu devo ao Dr. Franco Zampari*- que era quem pagava o cachê.

Silvio Caldas (cantor)
Passamos um dia juntos na casa do Jardel Filho, aqui em São Paulo, e o Silvio fez lá um cozido,

que era a especialidade dele. A última vez que nos vimos ele estava se apresentando no bar Vou Vivendo, cantando divinamente, tanto que perguntei se ele estava sendo dublado. Terminado o espetáculo, bebeu um uísque, fumou um cigarro. Morreu uns dois meses depois.

Dercy Gonçalves (atriz e empresária)
Tivemos uma relação muito pequena fora de cena, mas uma ocasião, fui ao apartamento dela no Rio, era festa de Cosme e Damião. De repente, ela ficou tomada, virou criança, esfregou um

bolo na cara e sumiu. Voltou logo depois, perfeita, como se nada tivesse acontecido.

Ciro Monteiro (cantor)

Nós nos cruzávamos por aí e ficamos ligados. Na primeira viagem do Teatro de Arena, quase perdi o avião porque nos encontramos no aeroporto e engatamos uma conversa que não acabava mais. Em outra ocasião, depois de um espetáculo, fomos jantar ali na Rua Augusta, eram uns cinco casais, o Ciro e a Lurdinha, mulher dele, o Alberto Helena e a esposa. Estava no grupo um rapaz com quem brinquei dizendo que íamos formar um par e realmente sentamos um ao lado do outro. Num dado momento, começamos a falar de música e eu fiz uma menção a um nome sensacional, Chico Buarque de Holanda. O Alberto Helena ainda brincou dizendo que ele era bicha, eu respondi que não tinha importância, eu até casava com ele e, quando vejo, o rapaz que estava ao meu lado era ele, o próprio Chico Buarque.

Elis Regina (cantora)
Uma figura adorável, eu tinha muita admiração por ela e me dava muito bem também com o Ronaldo Bôscoli. Temos uma única foto juntos, quando ela apresentava *O Falso Brilhante*. Ela me disse que tinha idéia de trabalharmos juntos, eu respondi: *Não brinca comigo que você me mata do coração*. Não fizemos nada não sei porque cargas d'água, mas tínhamos muita amizade. Elis Regina morou perto da minha casa na Rua Portugal e quando li no jornal uma notícia de que ela havia proibido a entrada de uma comissão de artistas em um espetáculo, para lerem um manifesto, fui até a casa dela com o recorte na mão. O pai é que tinha feito uma confusão, mas na hora ela ligou para o Raul Cortez, que era do Sindicato, querendo se integrar à comissão que iria a Brasília nos dias seguintes. Era explosiva, quando explodia ficava até meio vesga. Uma noite, como ela e o César não tinham com quem deixar os três filhos, peguei uma das minhas sobrinhas e ficamos lá com as crianças. Uma ocasião, na casa do Abelardo Figueiredo, eu disse que ela havia aparecido 50 anos depois da

Carmem Miranda; e que deveriam se passar mais 50 anos para aparecer alguém do mesmo nível. Veja você, surgiu a Maria Rita, um clone da Elis Regina. Quando vi a primeira vez a menina cantando, o jeito, me deu uma emoção... A última vez que estive com Elis foi no Tuca, após um espetáculo. Fui ao camarim e quando ela me viu, de longe, gritou: *Renato, também quero entrar*

nessa luta (contra a ditadura). Gritei em resposta: *Você já está dentro há muito tempo...*

Jô Soares (ator e apresentador)
Quando ele entrevistava uma pessoa e queria encerrar o papo, dizia: *Estou conversando aqui com o fulano de tal.* A frase dava a entender que ele iria continuar o papo e o cara se arrumava todo; quando voltava já não estava mais. Ao ser entrevistado, quando ele falou a frase, eu disse: *Espera aí que eu não acabei ainda não, você está usando o verbo errado, Jô*. Foi uma gargalhada geral.

Fernando Henrique Cardoso (político)
Quando se candidatou a senador, foi expor seus projetos a um grupo de artistas reunidos na casa do cantor Antonio Marcos, que era casado com a Débora Duarte. Me interessei muito, já o conhecia por intermédio da Josi, minha mulher, que havia trabalhado com ele e dona Ruth, então, me engajei na campanha, viajamos juntos pelo interior, apoiei em todas as campanhas. Uma ocasião fui representá-lo em um comício

em Cruzeiro e quando comecei a falar senti que uma barata estava subindo pela minha perna. Passei a discursar com raiva, batendo o pé no chão pra me livrar da barata. No meio do discurso, eu disse pro povão: *Vocês precisam gritar, brigar, porque em boca fechada não entra comida*. Quando terminei, o Ulysses Guimarães, que estava presente, me pediu licença para usar a frase e usou mesmo, a Folha de São Paulo deu a frase como se fosse dele.

Lula (político)

É uma pessoa muito digna, esforçadão, trabalhador, honesto, muito carismático, estou torcendo demais para ele.

Mensagem Final

Leva-se muito tempo
para se chegar a ser jovem.

Esta frase foi dita por Pablo Picasso quando completou 80 anos. Pedi licença ao mestre para adotá-la quando cheguei à mesma idade dele, em 27 de outubro de 2004.

Hino Nacional: Introdução

Espera o Brasil que todos cumprais o vosso dever
Eia avante brasileiros sempre avante
Gravai a buril os pátrios anais do vosso poder
Eia avante brasileiros sempre avante
Servir o Brasil sem esmorecer
Com ânimo audaz
Cumprindo o dever
Na guerra e na paz
À sombra da lei
A brisa gentil o lábaro erguei do nosso Brasil
Eia oh Sus / oh Sus

Créditos das fotografias:

Todas as fotografias utilizadas neste volume pertencem ao acervo pessoal de Renato Consorte.

Agradecimentos a Antonio Leão da Silva Neto pelo auxílio no levantamento dos filmes curtas-metragens.

COLEÇÃO APLAUSO

A *Coleção Aplauso*, concebida e editada pela Imprensa Oficial do Estado de São Paulo, se tornou um sucesso de venda e de repercussão cultural. Coordenada pelo crítico Rubens Ewald Filho, a Coleção resgata, para um público amplo, a vida e a carreira de grandes intérpretes, diretores e roteiristas do cinema, do teatro e da televisão brasileira.

Vários fatores se somam para explicar a gratificante aceitação. São escritos, em sua maioria, por jornalistas especializados, que se baseiam depoimentos dos próprios biografados, resultando em textos diretos, fluentes, entremeados de episódios divertidos. Publicados em formato de bolso e com adequado projeto gráfico, os livros trazem fotos inéditas do acervo pessoal de cada biografado de relevante interesse artístico e histórico.

A escolha dos biografados representa outro fator decisivo para o interesse despertado pela Coleção. São personalidades representativas rememorando suas trajetórias de vida, sua formação prática e teórica, seus métodos de trabalho, suas realizações e – em alguns casos – suas frustrações, recuperando assim a própria história acidentada do cinema, do teatro e da televisão em nosso país.

A Coleção, que tende a ultrapassar os cem títulos, já se afirma e reúne um time ilustre e variado, de dar orgulho a qualquer brasileiro. São atores e atrizes, como Bete Mendes, Cleyde Yaconis, David Cardoso, Etty Fraser, Gianfrancesco Guarnieri, Irene Ravache, John Herbert, Luís Alberto de Abreu, Nicette Bruno e Paulo Goulart, Niza de Castro Tank, Paulo José, Reginaldo Faria, Ruth de Souza, Sérgio Viotti, Walderez de Barros. Diretores, como Carlos Coimbra, Carlos Reichenbach, Helvécio Ratton, João Batista de Andrade, Rodolfo Nanni e Ugo Giorgetti. Atores que também se tornaram diretores, como Anselmo Duarte, o único brasileiro a arrebatar até hoje a Palma de Ouro no Festival de Cannes, na França.

Além dos perfis biográficos, que são a marca da Coleção, ela inclui projetos especiais, com formatos e características distintos, como as excepcionais pesquisas iconográficas sobre Maria Della Costa, Ney Latorraca e Sérgio Cardoso. Publicamos, também, roteiros históricos, como *O Caçador de Diamantes*, de Vittorio Capellaro, de 1933, considerado o primeiro roteiro completo escrito no Brasil para ser filmado, ao lado de roteiros mais recentes, como *O Caso dos Irmãos Naves*, de Luís Sérgio Person, *Dois Córregos*, de Carlos Reichenbach, *Narradores de Javé*, de Eliane Caffé. Destaca-se a excepcional obra *Gloria in Excelsior*, organizada por Álvaro de Moya, sobre a ascensão, apogeu e queda da TV Excelsior, que mudou o jeito de fazer televisão no Brasil. Muitos leitores se surpreenderão quando descobrirem que vários dos diretores, autores e atores que promoveram o crescimento da TV Globo, nos anos 70, foram forjados nos estúdios da TV Excelsior, que sucumbiu juntamente com o grupo Simonsen, perseguido pelo regime militar. Nesse sentido, a obra de Moya acaba retratando mais do que a trajetória de uma rede de televisão, uma época histórica do País.

Contudo, se algum fator de sucesso da *Coleção Aplauso* merece ser mais destacado do que outros, é o interesse do leitor brasileiro em conhecer o percurso cultural de seu país. Precisa apenas dispor de fontes de informação atraentes e acessíveis. É isso que a Imprensa Oficial propiciou ao criar a *Coleção Aplauso*, pois tem consciência de que toda nação que esquece sua história cultural, fica mais pobre espiritualmente, arriscando-se a perder sua identidade.

Hubert Alquéres
Diretor-presidente da
Imprensa Oficial do Estado de São Paulo

Títulos da Coleção Aplauso

Perfil

Djalma Limongi Batista - Livre Pensador
Marcel Nadale

Anselmo Duarte - O Homem da Palma de Ouro
Luiz Carlos Merten

Carlos Coimbra - Um Homem Raro
Luiz Carlos Merten

Rodolfo Nanni - Um Realizador Persistente
Neusa Barbosa

João Batista de Andrade -
Alguma Solidão e Muitas Histórias
Maria do Rosário Caetano

Carlos Reichenbach -
O Cinema Como Razão de Viver
Marcelo Lyra

Ugo Giorgetti - O Sonho Intacto
Rosane Pavam

Aracy Balabanian - Nunca Fui Anjo
Tania Carvalho

Renata Fronzi - Chorar de Rir
Wagner de Assis

Rubens de Falco - Um Internacional Ator Brasileiro
Nydia Licia

Renato Consorte - Contestador por Índole
Eliana Pace

Carla Camurati - Luz Natural
Carlos Alberto Mattos

Rolando Boldrin - Palco Brasil
Ieda de Abreu

Sonia Oiticica - Uma Atriz Rodrigueana?
Maria Thereza Vargas

Sérgio Hingst - Um Ator de Cinema
Maximo Barro
Cleyde Yaconis - Dama Discreta
Vilmar Ledesma
Irene Ravache - Caçadora de Emoções
Tania Carvalho
Ruth de Souza - Estrela Negra
Maria Ângela de Jesus
David Cardoso - Persistência e Paixão
Alfredo Sternheim
John Herbert - Um Gentleman no Palco e na Vida
Neusa Barbosa
Reginaldo Faria - O Solo de Um Inquieto
Wagner de Assis
Paulo José - Memórias Substantivas
Tania Carvalho
Sérgio Viotti - O Cavalheiro das Artes
Nilu Lebert
Etty Fraser - Virada Pra Lua
Vilmar Ledesma
Paulo Goulart e Nicette Bruno - Tudo Em Família
Elaine Guerrini
Walderez de Barros - Voz e Silêncios
Rogério Menezes
Rosamaria Murtinho - Simples Magia
Tania Carvalho
Bete Mendes - O Cão e a Rosa
Rogério Menezes
Gianfrancesco Guarnieri - Um Grito Solto no Ar
Sérgio Roveri
Luís Alberto de Abreu - Até a Última Sílaba
Adélia Nicolete
Niza de Castro Tank - Niza Apesar das Outras
Sara Lopes

Cinema Brasil

De Passagem
Roteiro de Cláudio Yosida e Direção de Ricardo Elias

Bens Confiscados
Roteiro comentado pelos seus autores
Carlos Reichenbach e Daniel Chaia

Cabra-Cega
Roteiro de DiMoretti, comentado por Toni Venturi
e Ricardo Kauffman

A Dona da História
Roteiro de João Falcão, João Emanuel Carneiro e Daniel Filho

Como Fazer um Filme de Amor
José Roberto Torero

Dois Córregos
Carlos Reichenbach

Narradores de Javé
Eliane Caffé e Luís Alberto de Abreu

O Caso dos Irmãos Naves
Luís Sérgio Person e Jean-Claude Bernardet

Casa de Meninas
Inácio Araújo

O Caçador de Diamantes
Vittorio Capellaro comentado por Maximo Barro

Teatro Brasil

Antenor Pimenta e o Circo Teatro
Danielle Pimenta

Trilogia Alcides Nogueira - ÓperaJoyce -
Gertrude Stein, Alice Toklas & Pablo Picasso -
Pólvora e Poesia
Alcides Nogueira

Alcides Nogueira - Alma de Cetim
Tuna Dwek

Ciência e Tecnologia

Cinema Digital
Luiz Gonzaga Assis de Luca

Especial

Dina Sfat - Retratos de uma Guerreira
Antonio Gilberto

Maria Della Costa - Seu Teatro, Sua Vida
Warde Marx

Sérgio Cardoso - Imagens de Sua Arte
Nydia Licia

Ney Latorraca - Uma Celebração
Tania Carvalho

Gloria in Excelsior - Ascenção, Apogeu e Queda do Maior Sucesso da Televisão Brasileira
Álvaro Moya

fotolito, impressão e acabamento

imprensaoficial

Rua da Mooca, 1921 São Paulo SP
Fones: 6099-9800 - 0800 123401
www.imprensaoficial.com.br